MADAULE

GIVRÉS!

l'origine

JE CROIS QUE LÀ, IL Y A VRAIMENT UN PROBLÈME...

sandawe.com
L'éditeur BD, c'est vous !

Du même auteur :

Aux Editions Bamboo :
- Les Winners (deux volumes)

Aux Editions BD KIDS :
- Helmout (un volume) - scénario Amalric

Aux Editions Casterman :
- Les Zinzin'venteurs (cinq volumes) - scénario de Douyé et Goupil

Aux Editions Delcourt :
- Maître Marley (deux volumes) - Les Blagues Suisses (trois volumes) - scénario de Panetier

Aux Editions Jungle:
- 35 heures et Cie (un volume) - Les Aventures de Jackie Chan (deux volumes) - dessin du
Studio Harchy

Aux Editions Soleil :
- Les Dieux en folie (un volume) - scénario de Panetier - Tout ce que vous avez toujours
voulu savoir sur le Père Noël (un volume) - scénario Panetier

GIVRÉS!, une série du journal de Spirou

http://www.facebook.com/sandawe
http://www.facebook.com/BD-Sandawe-Les-Givrés

© Bruno Madaule, 2016.
http://www.sandawe.com
contact@sandawe.com

Dépôt légal : mars 2016 ; D/2016/12.351/17
ISBN 978-2-39014-137-2
Première édition.
Mise en page : Jean-Baptiste Merle

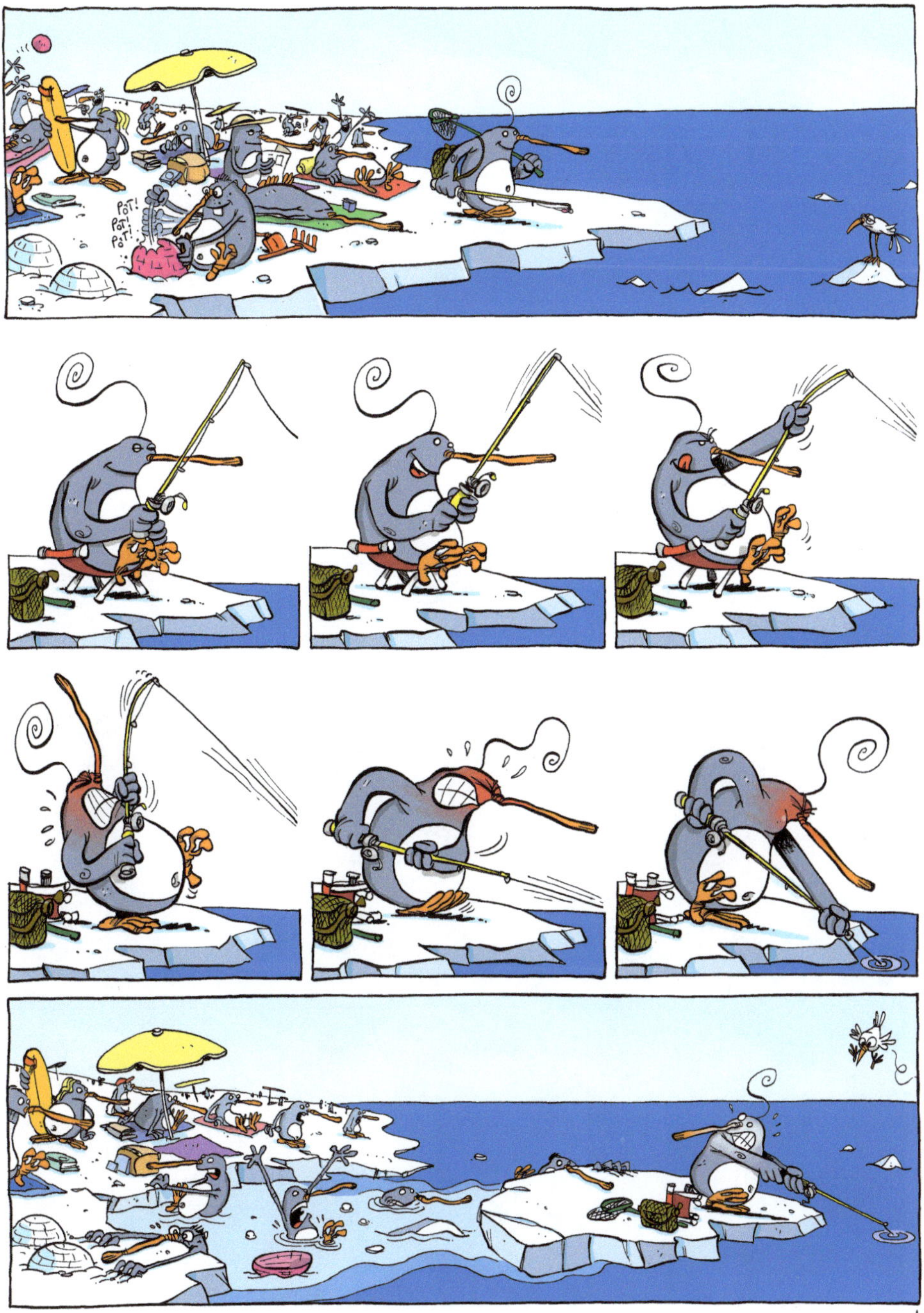
PÔT!
PÔT!
PÔT!

1

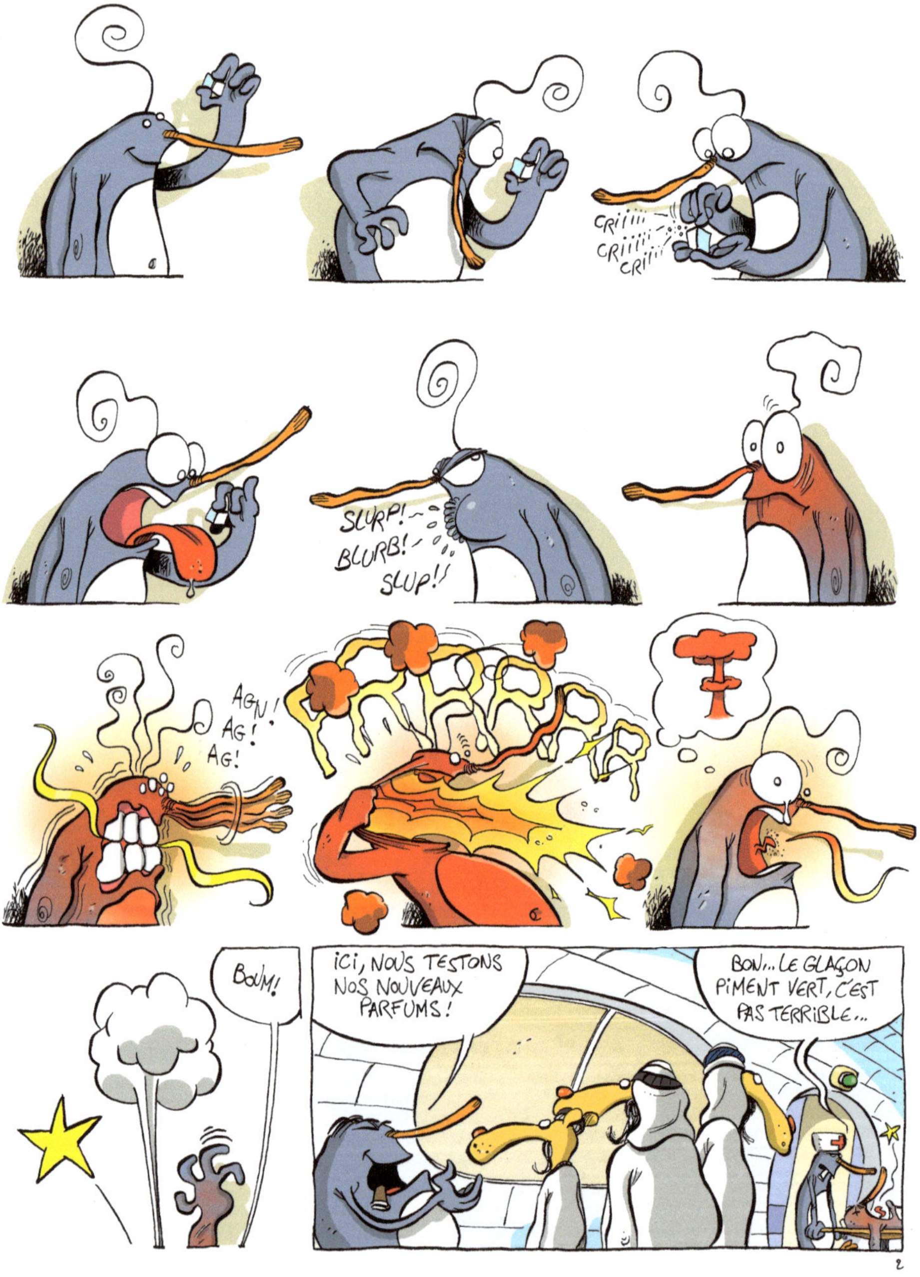
CRI!!!!
CRI!!!!
CRI!!!
SLURP!
BLURB!
SLUP!!
AGN!
AG!
AG!
BOUM!
ICI, NOUS TESTONS NOS NOUVEAUX PARFUMS!
BON... LE GLAÇON PIMENT VERT, C'EST PAS TERRIBLE...
2

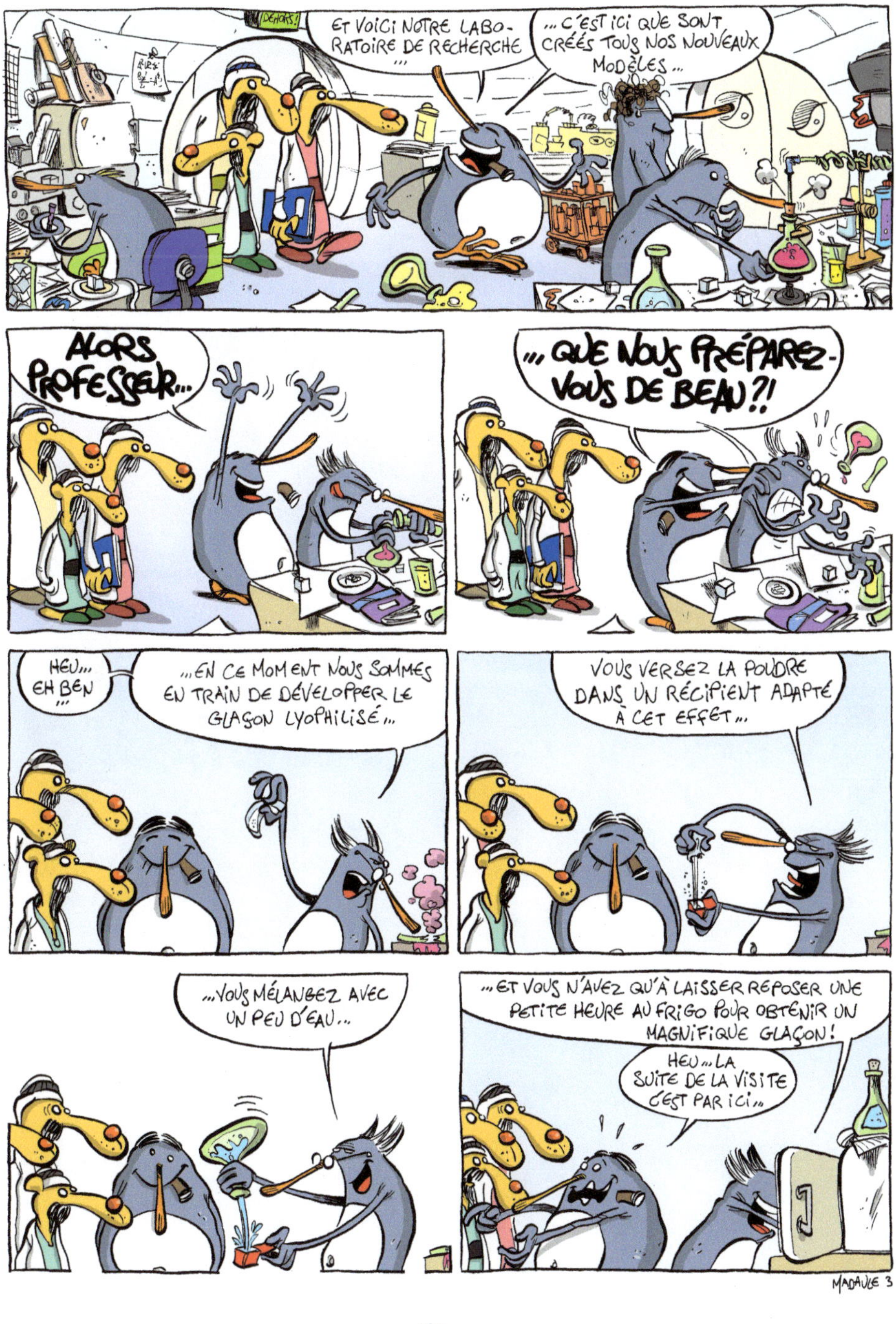
DEHORS!
ET VOICI NOTRE LABO-RATOIRE DE RECHERCHE ...
... C'EST ICI QUE SONT CRÉÉS TOUS NOS NOUVEAUX MODÈLES ...
ALORS PROFESSEUR...
... QUE NOUS PRÉPAREZ-VOUS DE BEAU ?!
HEU... EH BEN ...
... EN CE MOMENT NOUS SOMMES EN TRAIN DE DÉVELOPPER LE GLAÇON LYOPHILISÉ...
VOUS VERSEZ LA POUDRE DANS UN RÉCIPIENT ADAPTÉ À CET EFFET...
... VOUS MÉLANGEZ AVEC UN PEU D'EAU...
... ET VOUS N'AVEZ QU'À LAISSER REPOSER UNE PETITE HEURE AU FRIGO POUR OBTENIR UN MAGNIFIQUE GLAÇON !
HEU... LA SUITE DE LA VISITE C'EST PAR ICI...
MADAULE 3

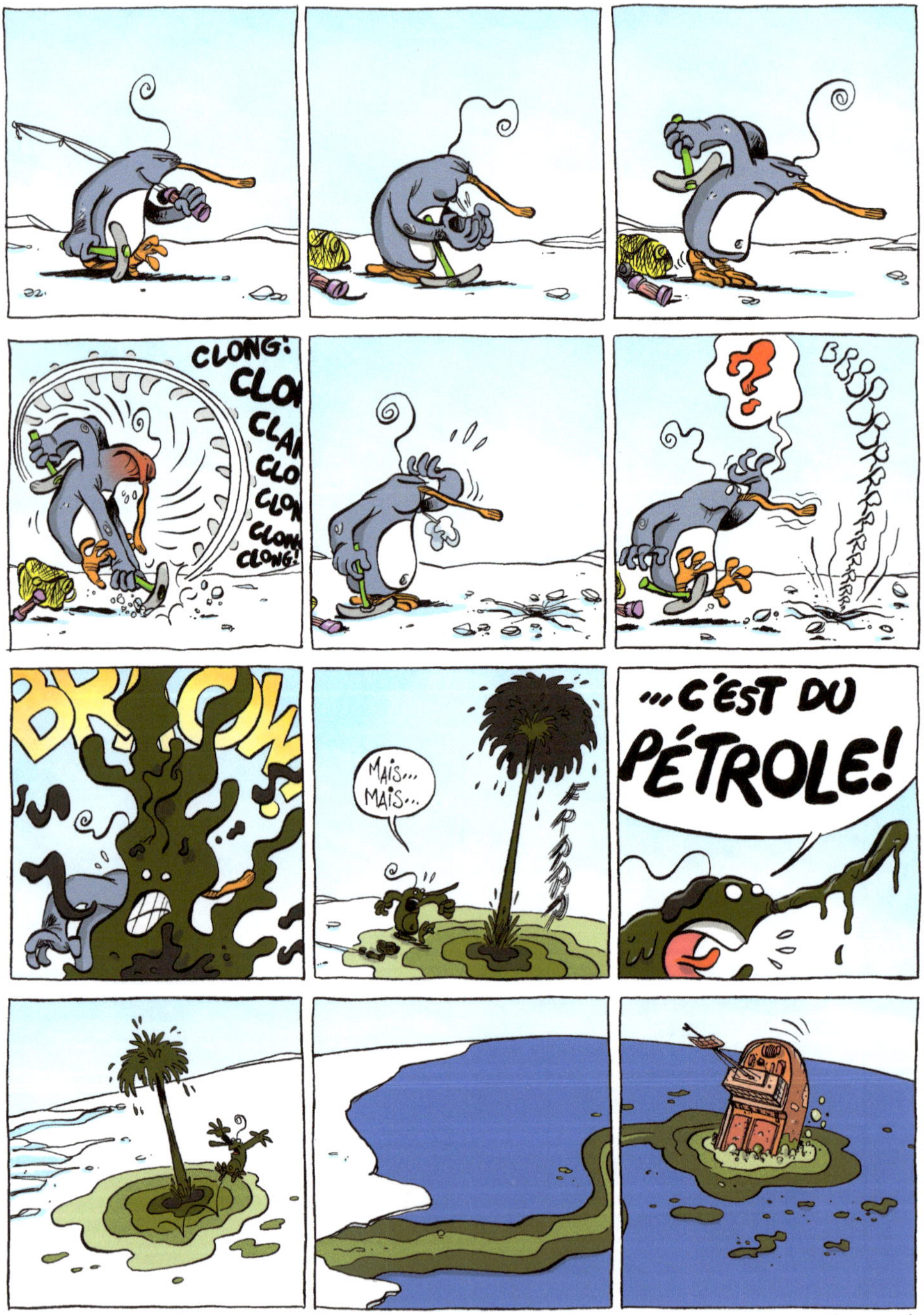
CLONG!
CLO
CLA
CLO
CLON
CLONG
CLONG!
BRRRRRRRRRRRRRR
...MAIS... MAIS...
...C'EST DU PÉTROLE!

4

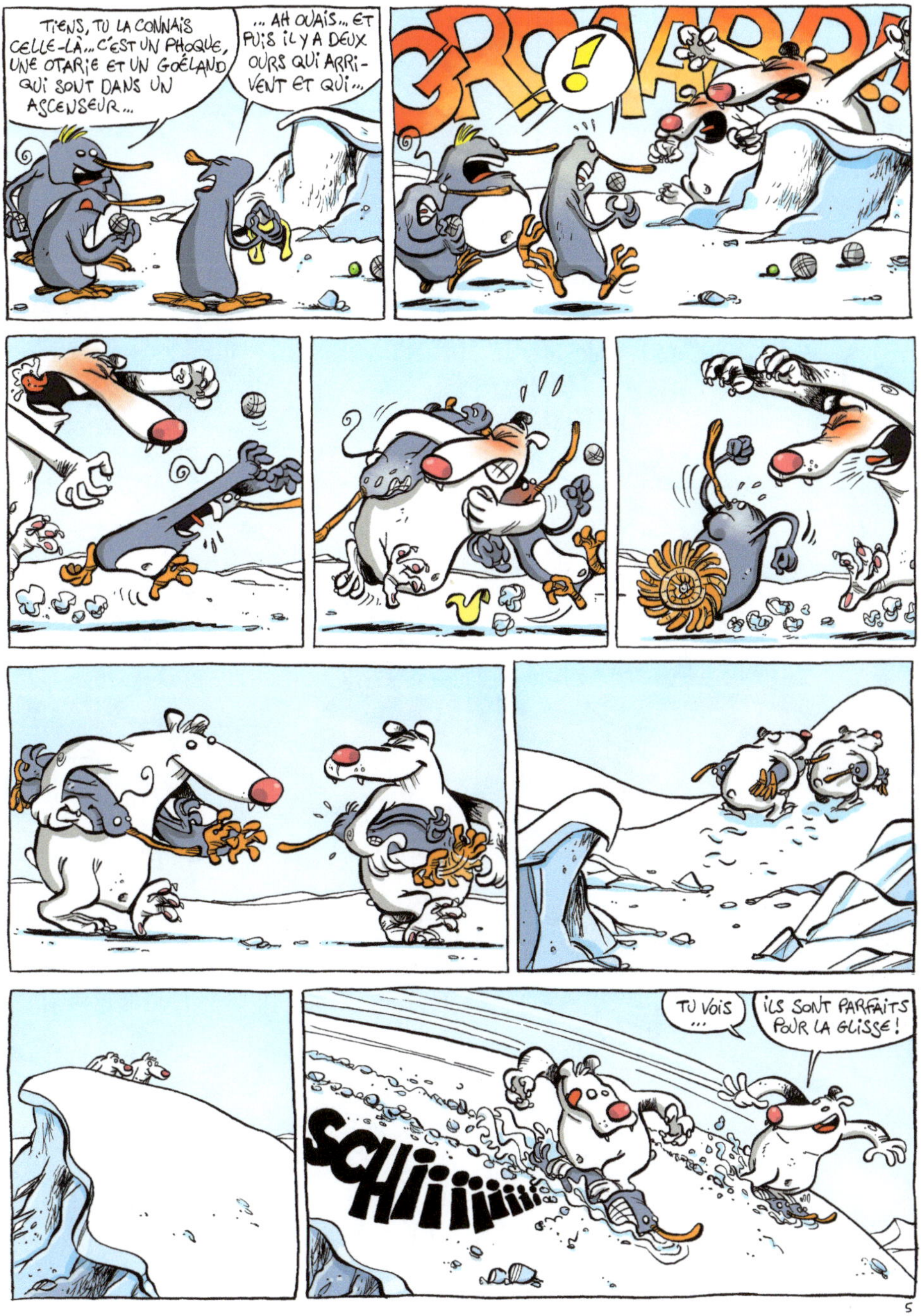
TIENS, TU LA CONNAIS CELLE-LÀ... C'EST UN PHOQUE, UNE OTARIE ET UN GOÉLAND QUI SONT DANS UN ASCENSEUR...
... AH OUAIS... ET PUIS IL Y A DEUX OURS QUI ARRIVENT ET QUI...
GROAARR!!
!
TU VOIS ...
ILS SONT PARFAITS POUR LA GLISSE !
SCHIIIIIIII!

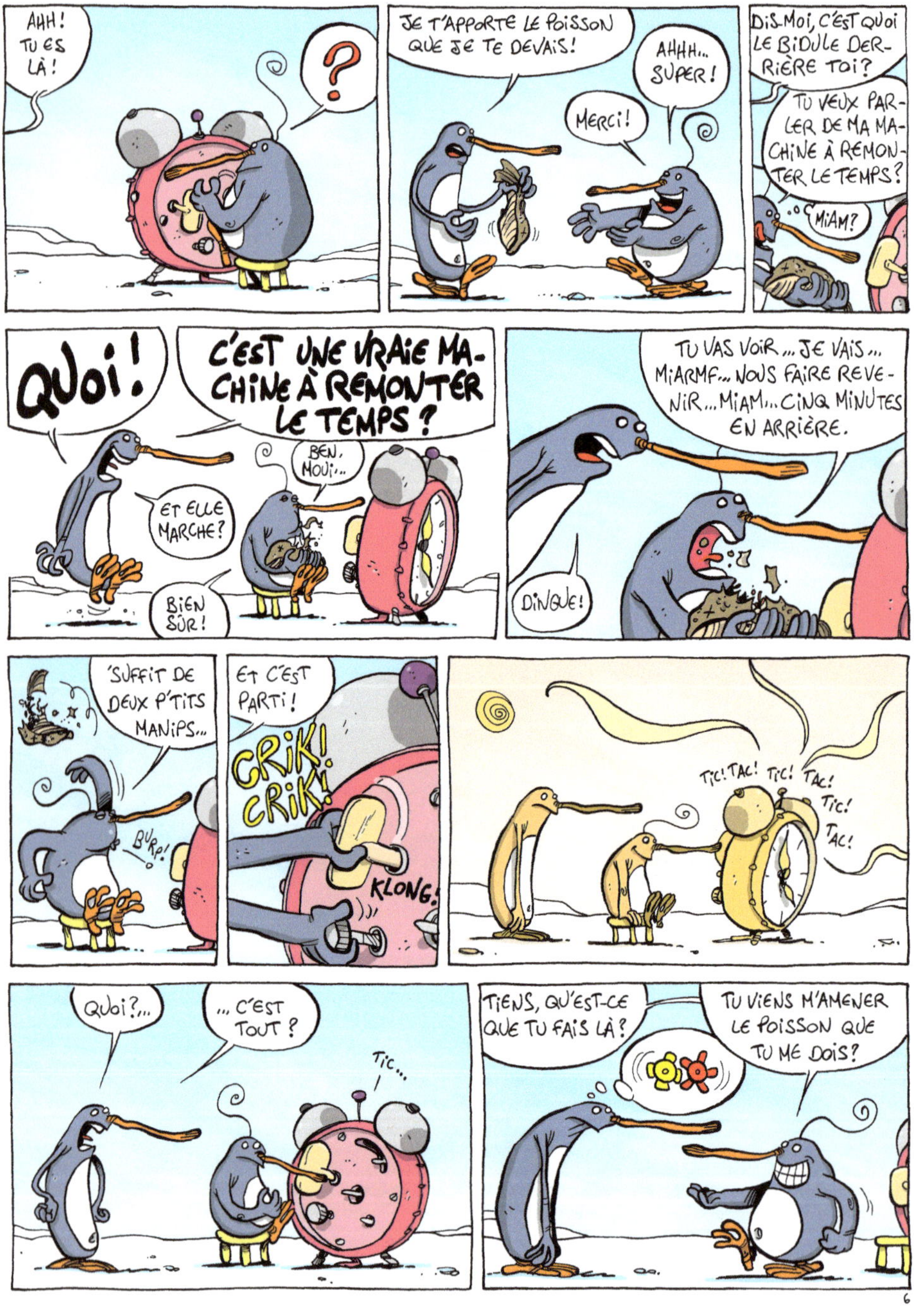
AHH! TU ES LÀ!
?
JE T'APPORTE LE POISSON QUE JE TE DEVAIS!
AHHH... SUPER!
MERCI!
DIS-MOI, C'EST QUOI LE BIDULE DERRIÈRE TOI?
TU VEUX PARLER DE MA MACHINE À REMONTER LE TEMPS?
MIAM?
QUOI!
C'EST UNE VRAIE MACHINE À REMONTER LE TEMPS?
BEN, MOUI...
ET ELLE MARCHE?
BIEN SÛR!
TU VAS VOIR... JE VAIS... MIARMF... NOUS FAIRE REVENIR... MIAM... CINQ MINUTES EN ARRIÈRE.
DINGUE!
'SUFFIT DE DEUX P'TITS MANIPS...
BURP!
ET C'EST PARTI!
CRIK! CRIK!
KLONG!
TIC! TAC! TIC! TAC! TIC! TAC!
QUOI?...
... C'EST TOUT?
TIC...
TIENS, QU'EST-CE QUE TU FAIS LÀ?
TU VIENS M'AMENER LE POISSON QUE TU ME DOIS?
6

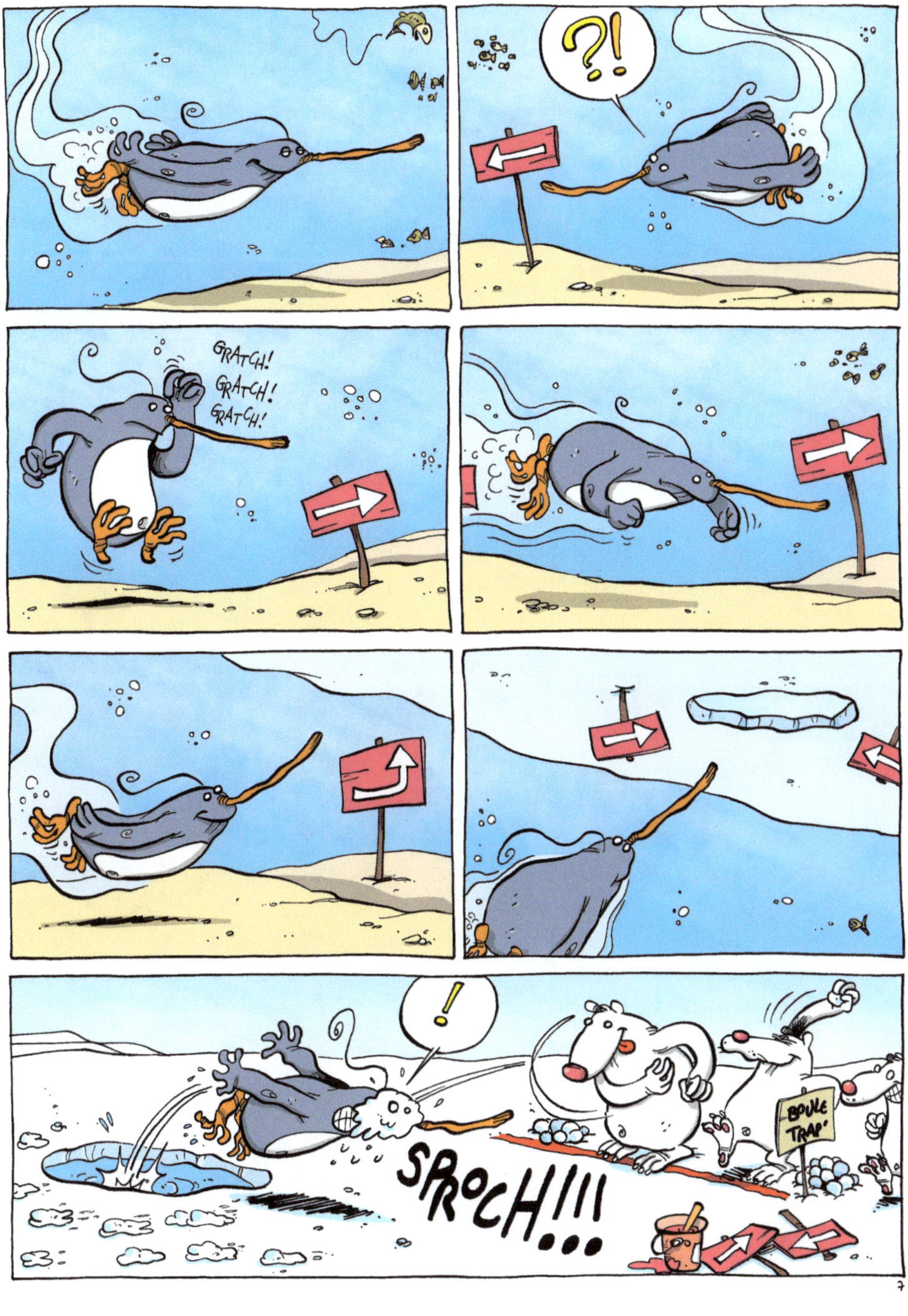
?!
GRATCH!
GRATCH!
GRATCH!
!
SPROCH!!!!...
BOULE TRAP'

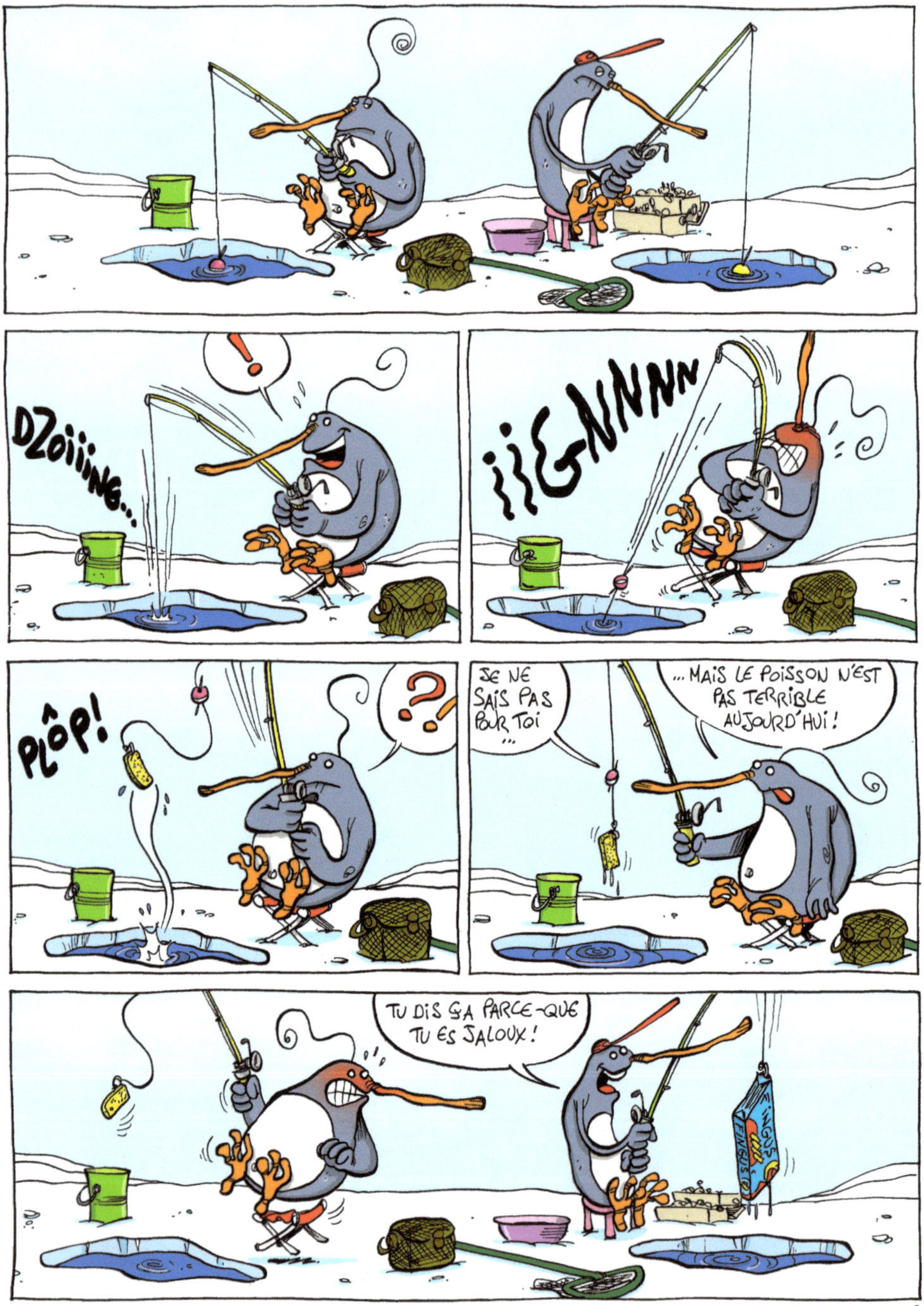
DZOiiiNG...
!
¡¡GNNNN
PLÔP!
?
JE NE SAIS PAS POUR TOI ...
... MAIS LE POISSON N'EST PAS TERRIBLE AUJOURD'HUI !
TU DIS ÇA PARCE-QUE TU ES JALOUX !

8

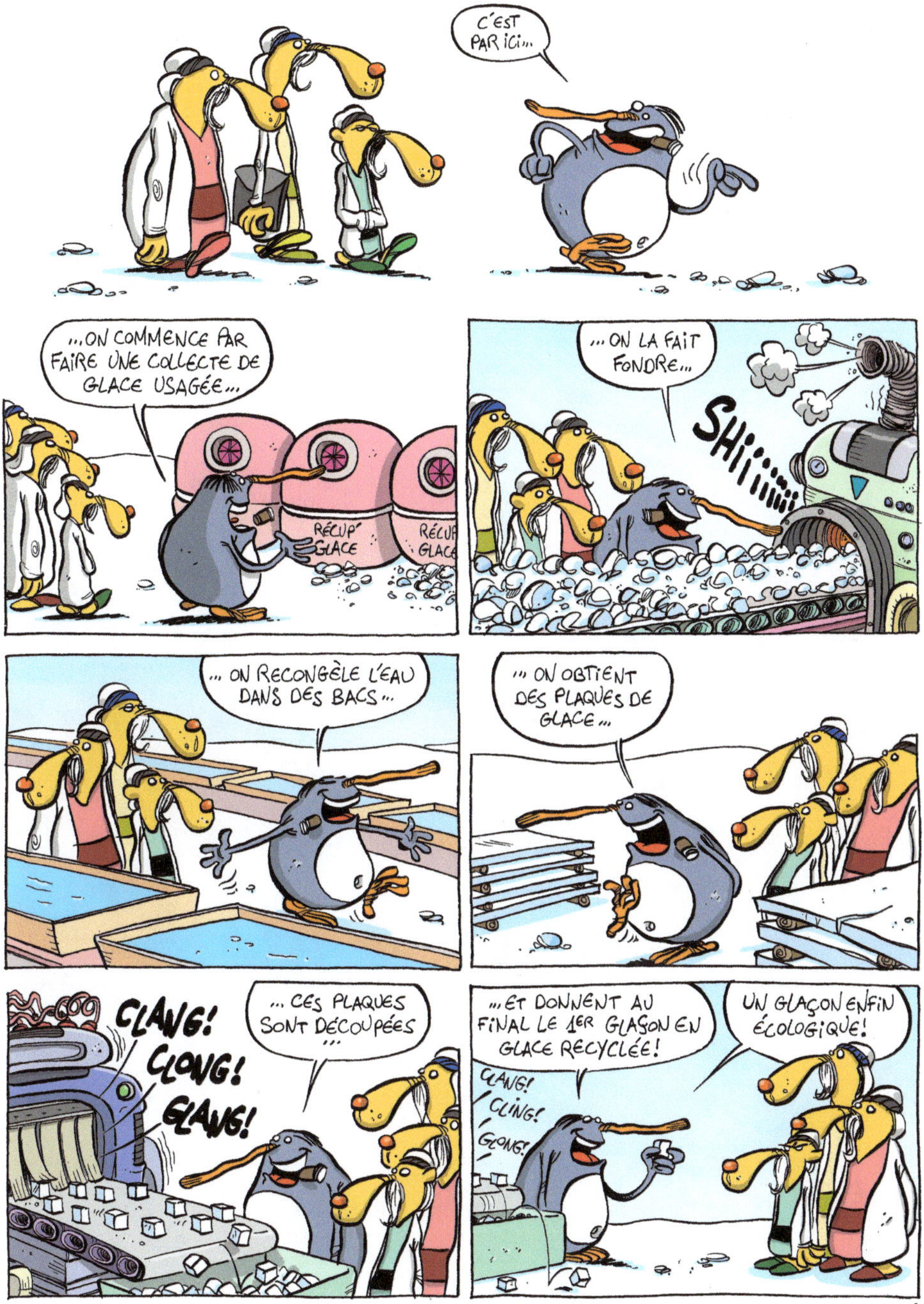
C'EST PAR ICI...
...ON COMMENCE PAR FAIRE UNE COLLECTE DE GLACE USAGÉE...
RÉCUP' GLACE
RÉCUP GLACE
...ON LA FAIT FONDRE...
SHIIIIIII
... ON RECONGÈLE L'EAU DANS DES BACS...
... ON OBTIENT DES PLAQUES DE GLACE...
CLANG!
CLONG!
GLANG!
... CES PLAQUES SONT DÉCOUPÉES ...
...ET DONNENT AU FINAL LE 1ER GLAÇON EN GLACE RECYCLÉE!
UN GLAÇON ENFIN ÉCOLOGIQUE!
CLANG!
CLING!
GLONG!

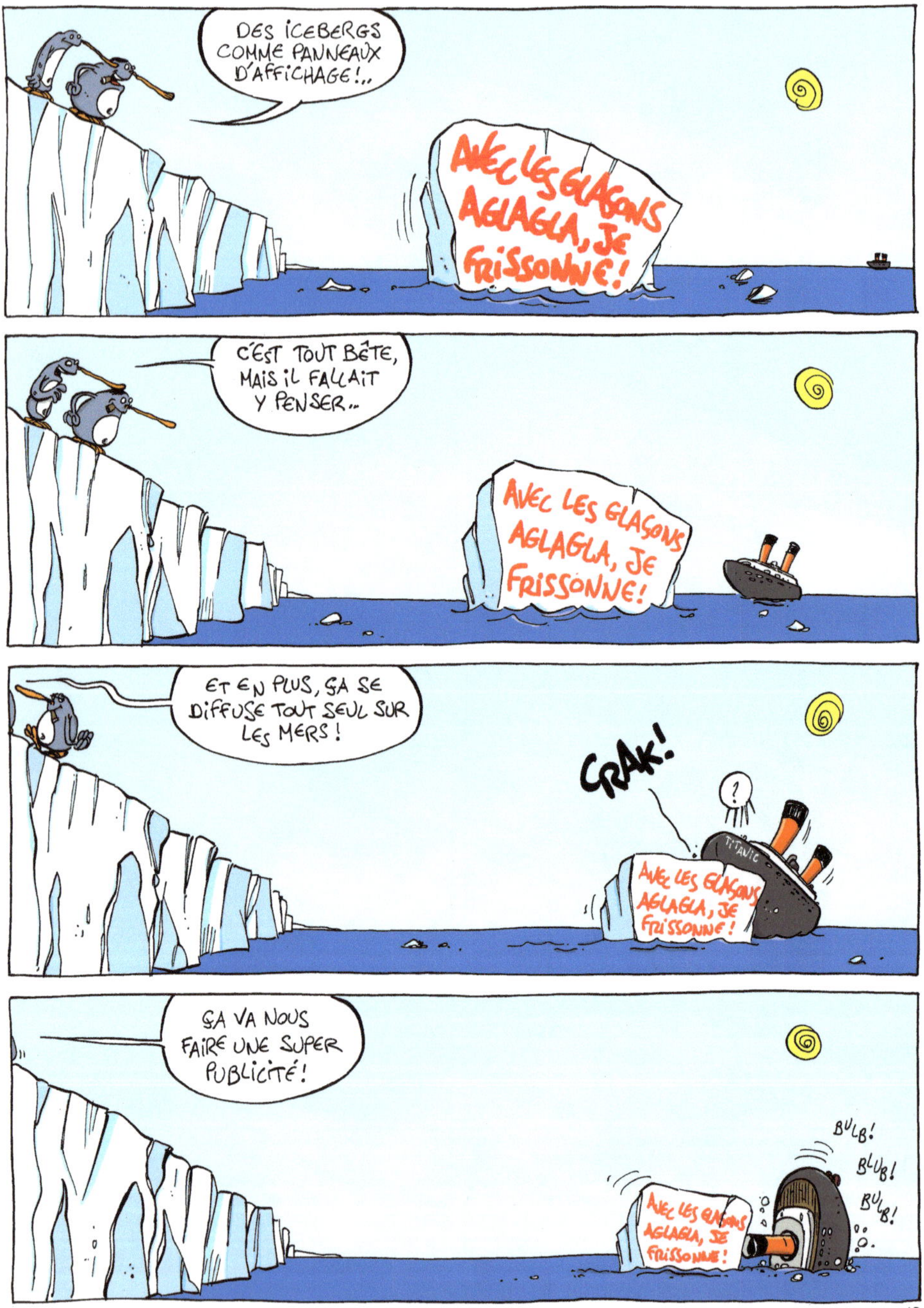
DES ICEBERGS COMME PANNEAUX D'AFFICHAGE !..
AVEC LES GLAÇONS AGLAGLA, JE FRISSONNE !
C'EST TOUT BÊTE, MAIS IL FALLAIT Y PENSER..
AVEC LES GLAÇONS AGLAGLA, JE FRISSONNE !
ET EN PLUS, ÇA SE DIFFUSE TOUT SEUL SUR LES MERS !
CRAK !
?
TITANIC
AVEC LES GLAÇONS AGLAGLA, JE FRISSONNE !
ÇA VA NOUS FAIRE UNE SUPER PUBLICITÉ !
AVEC LES GLAÇONS AGLAGLA, JE FRISSONNE !
BULB !
BLUB !
BULB !

10

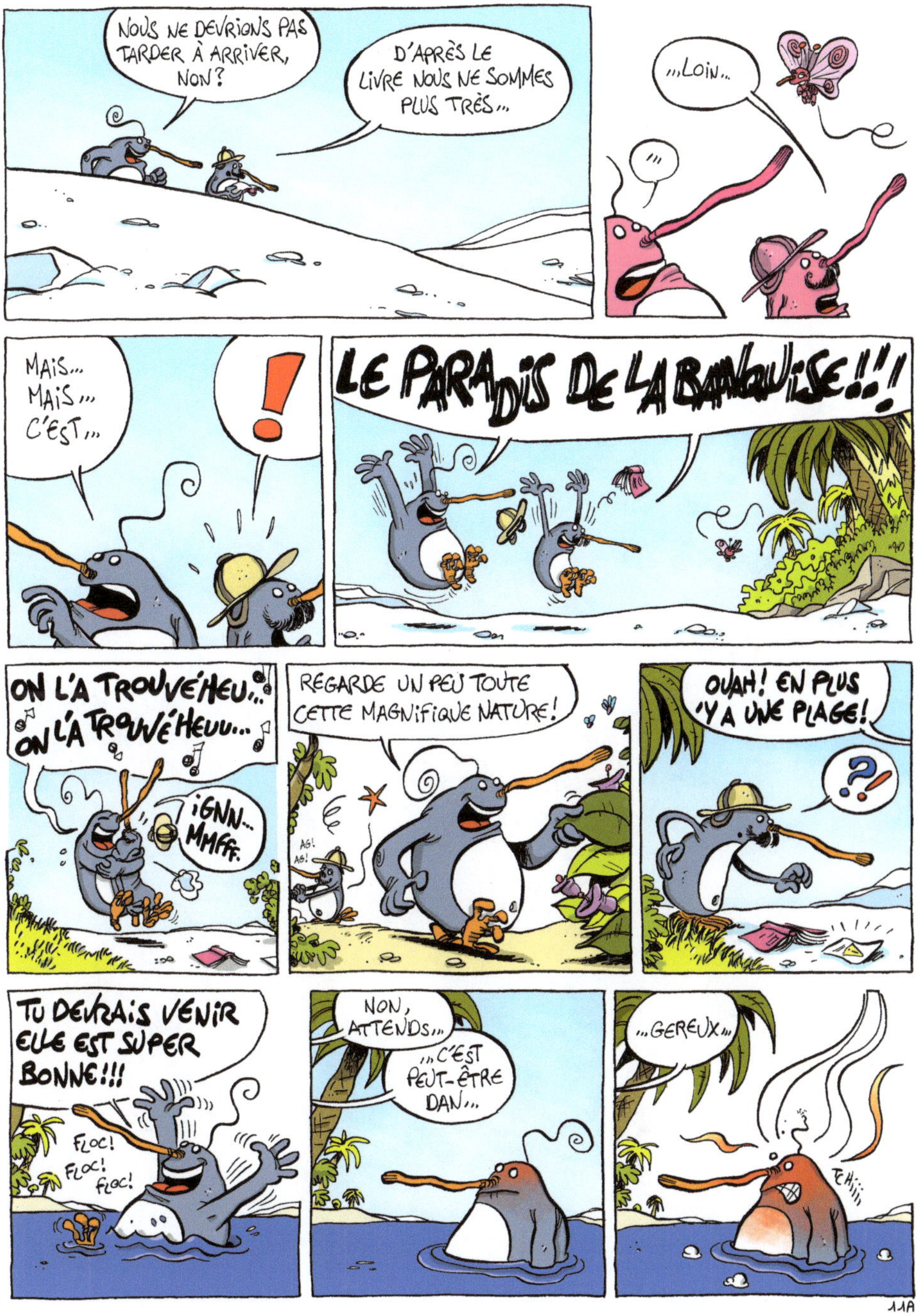
NOUS NE DEVRIONS PAS TARDER À ARRIVER, NON?
D'APRÈS LE LIVRE NOUS NE SOMMES PLUS TRÈS...
...LOIN...
!!!
MAIS... MAIS... C'EST...
!
LE PARADIS DE LA BANQUISE!!!
ON L'A TROUVÉ HEU... ON L'A TROUVÉ HEUU...
¡GNN... MMFFF.
REGARDE UN PEU TOUTE CETTE MAGNIFIQUE NATURE!
AG! AG!
OUAH! EN PLUS 'Y A UNE PLAGE!
?!
TU DEVRAIS VENIR ELLE EST SUPER BONNE!!!
FLOC! FLOC! FLOC!
NON, ATTENDS...
...C'EST PEUT-ÊTRE DAN...
...GEREUX...
TCHIII
11A

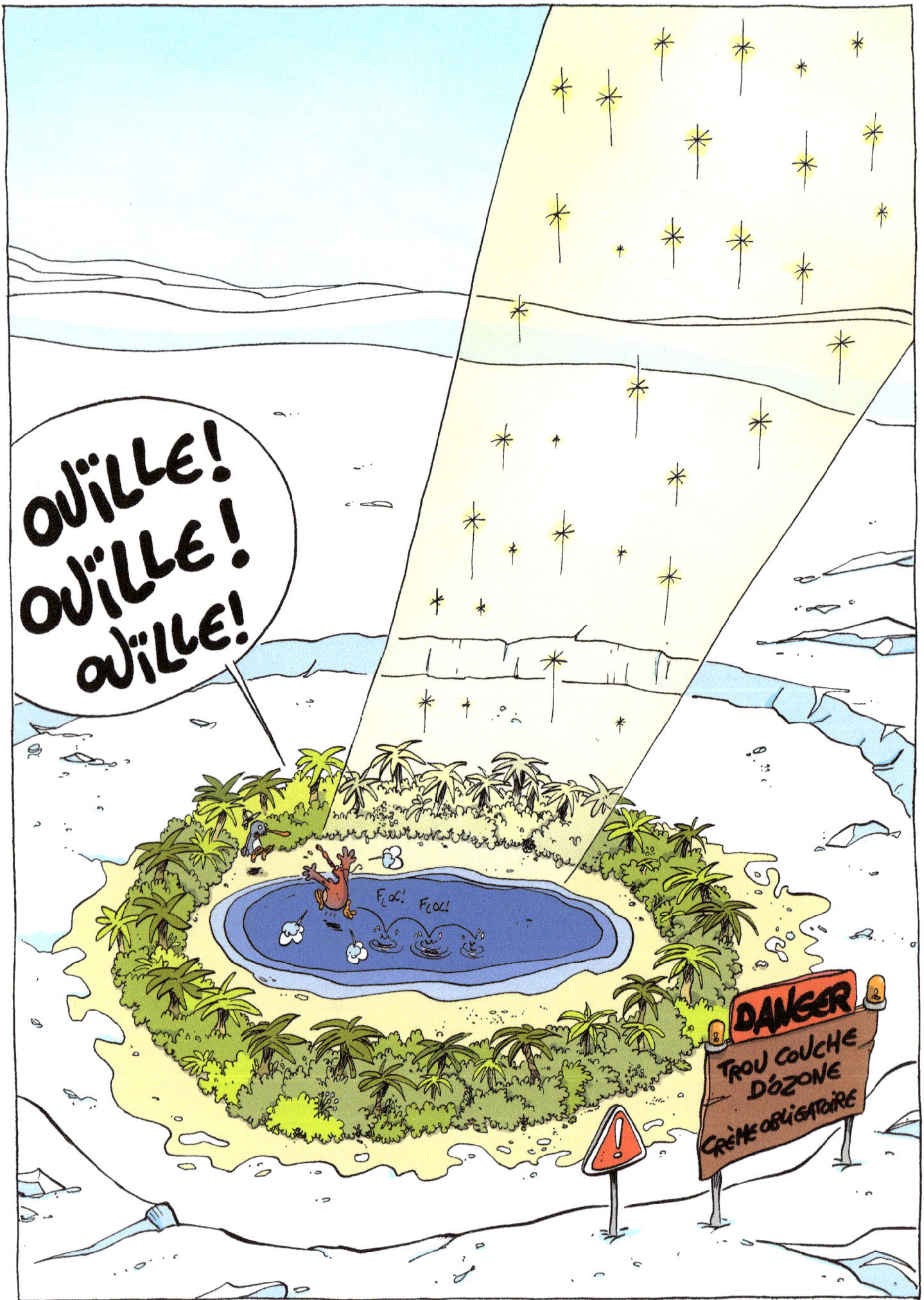
OUILLE! OUILLE! OUILLE!
FLOC!
FLOC!
DANGER
TROU COUCHE D'OZONE
CRÈME OBLIGATOIRE

11B

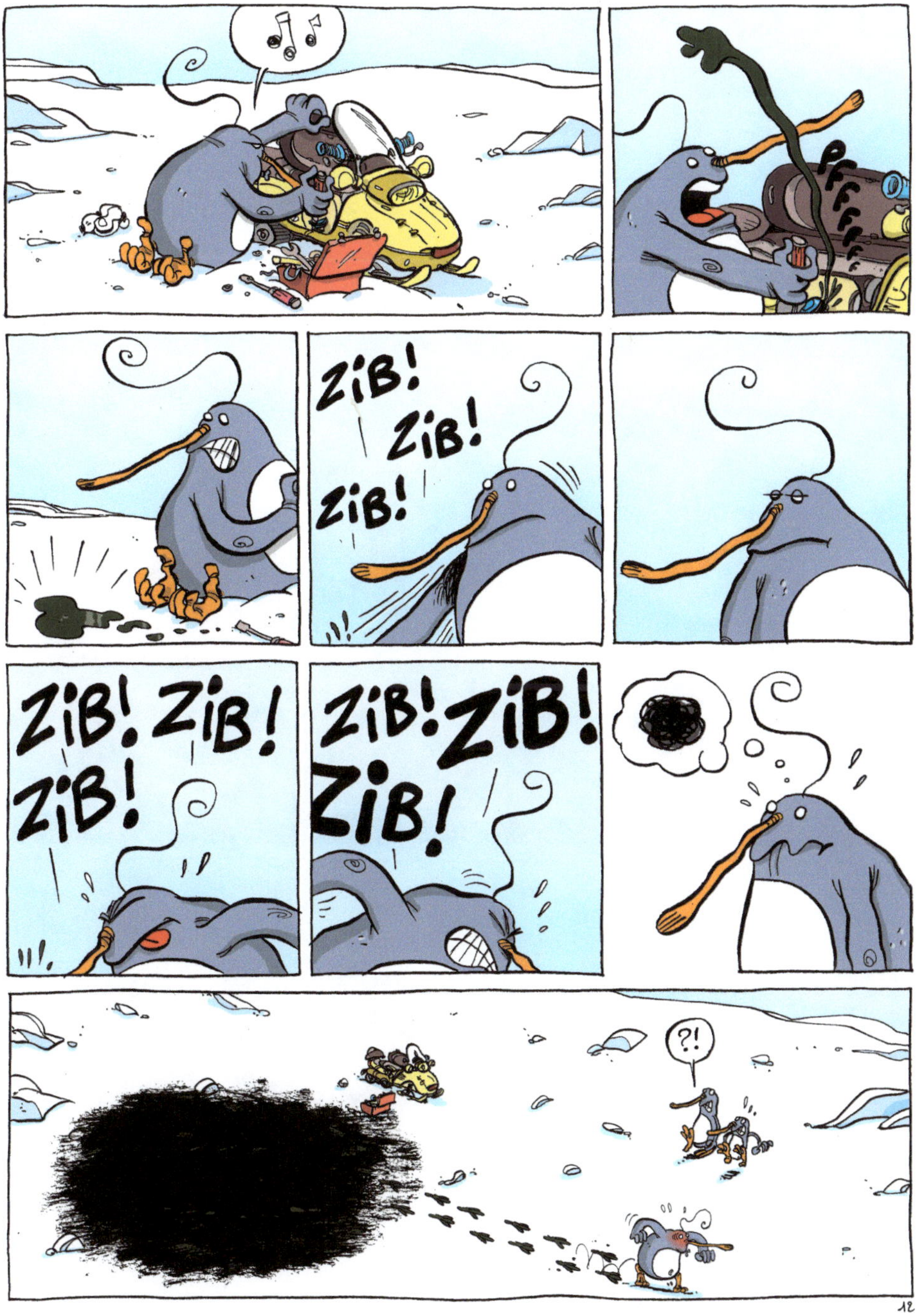
PFFFFFF
ZIB!
ZIB!
ZIB!
ZIB! ZIB!
ZIB!
ZIB! ZIB!
ZIB!
?!

12

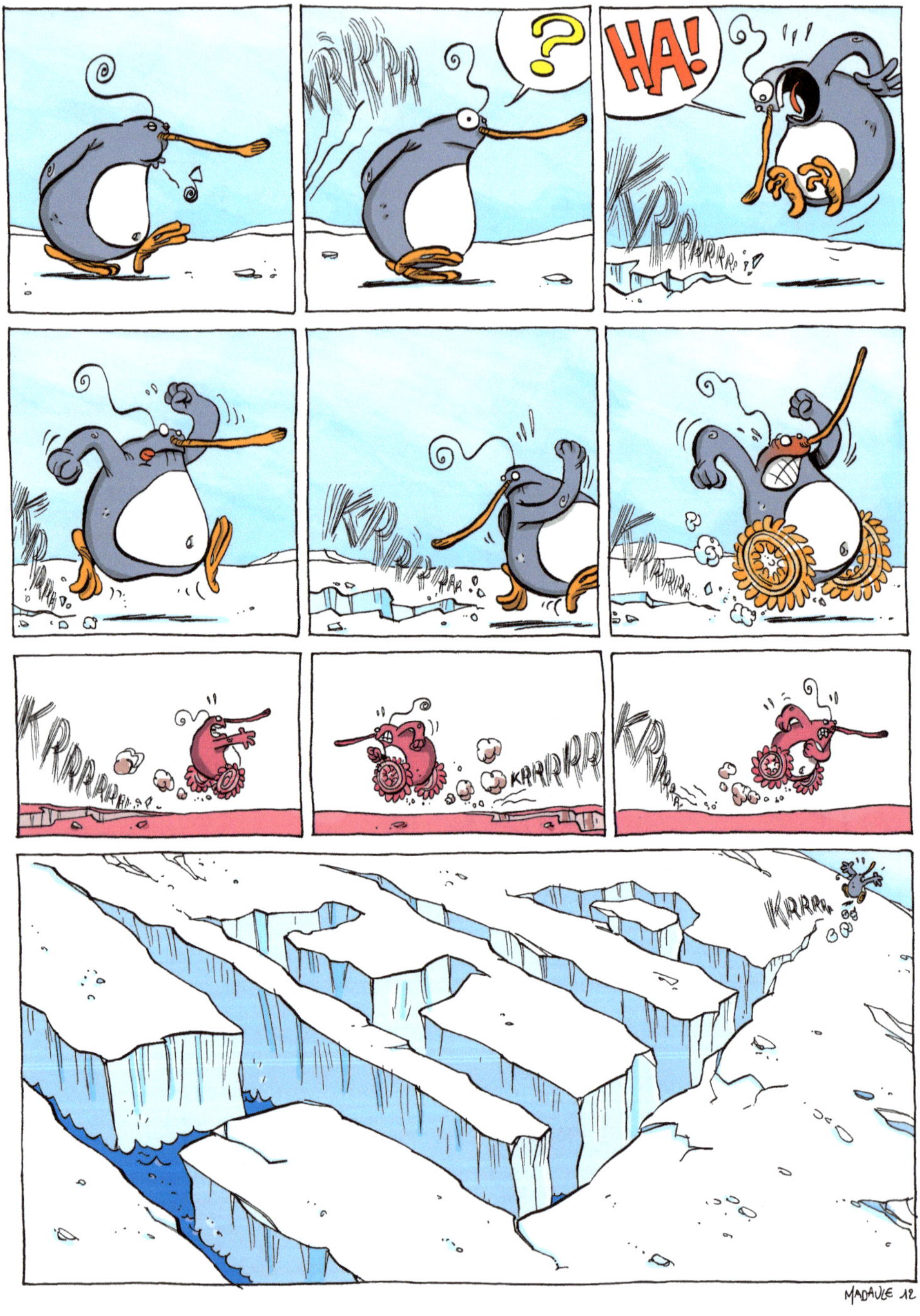

KRRRRRR
?
HA!
KRRRRRRRR
KRRRRRRRR
KRRRRRRR
KRRRRRR
KRRRRRRRR
KRRRRR
KRRRRRRR
KRRRRR
MADAULE 12

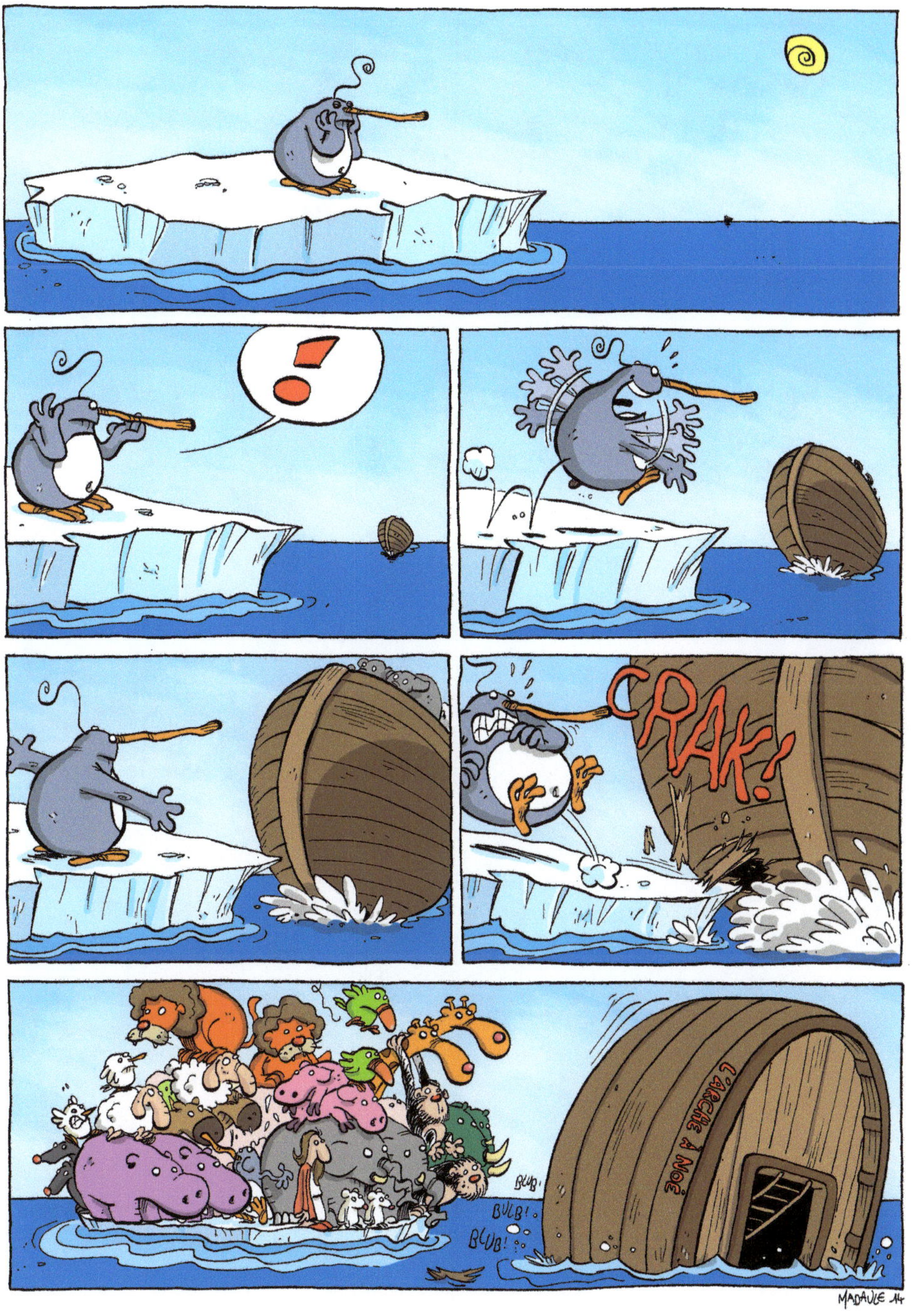
!
CRAK!
L'ARCHE À NOÉ
BLUB!
BULB!
BLUB!
MADAULE 14

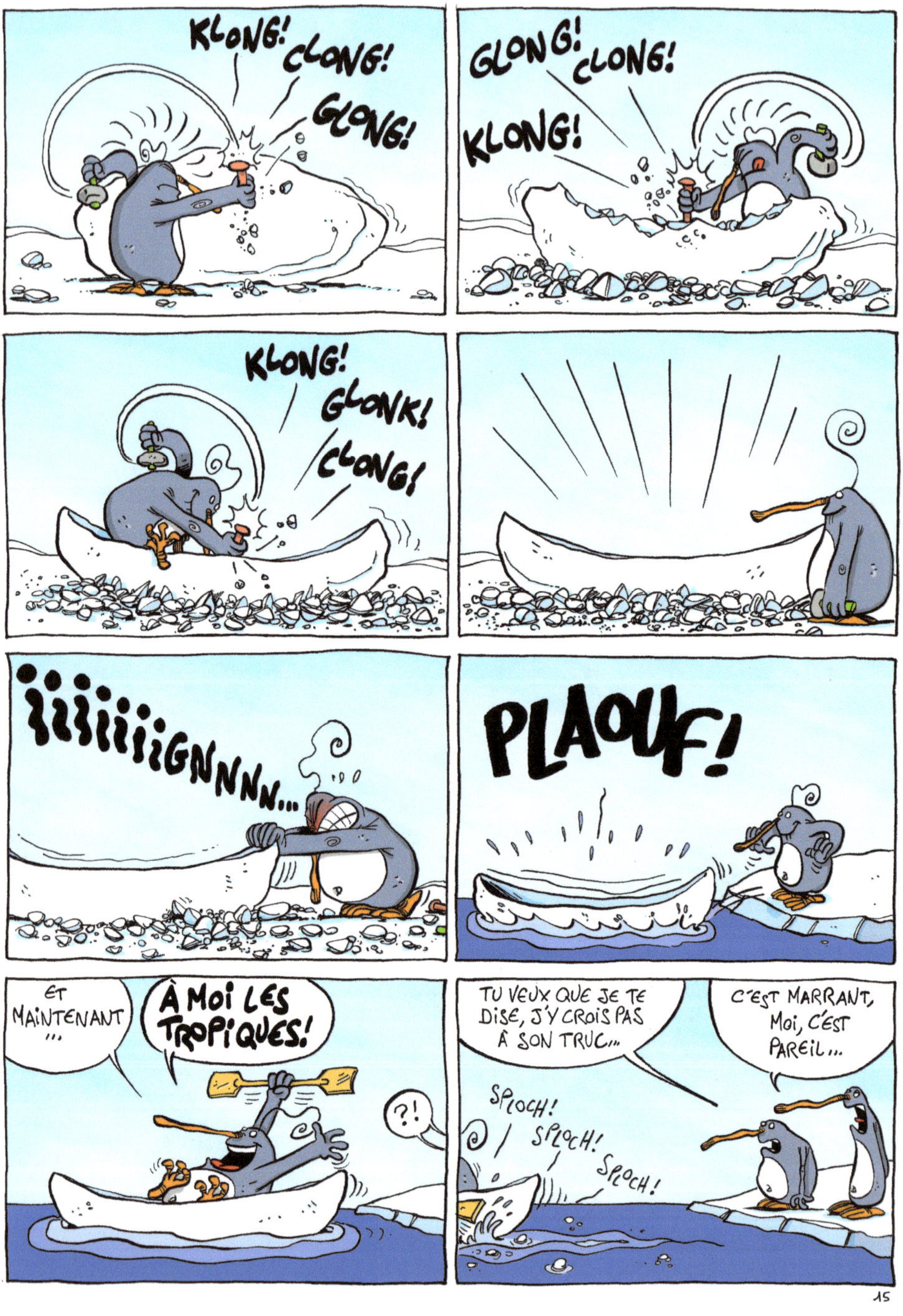
KLONG!
CLONG!
GLONG!
GLONG!
CLONG!
KLONG!
KLONG!
GLONK!
CLONG!
¡¡¡¡¡¡¡¡¡GNNNN...
PLAOUF!
ET MAINTENANT...
À MOI LES TROPIQUES!
?!
TU VEUX QUE JE TE DISE, J'Y CROIS PAS À SON TRUC...
C'EST MARRANT, MOI, C'EST PAREIL...
SPLOCH!
SPLOCH!
SPLOCH!

15

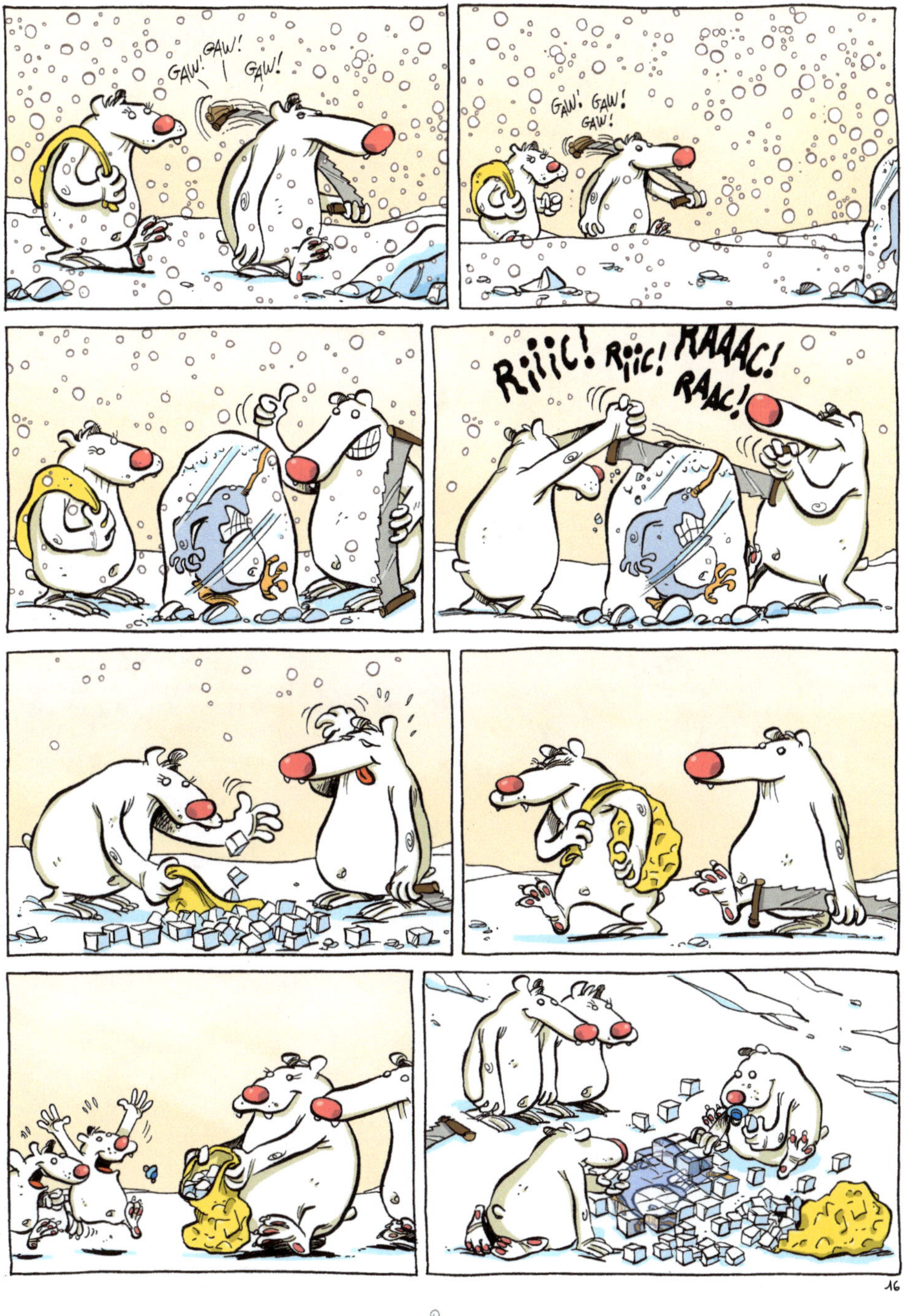
GAW! GAW! GAW!
GAW! GAW! GAW!
RiiiC! RiiiC! RAAAC! RAAC!

16

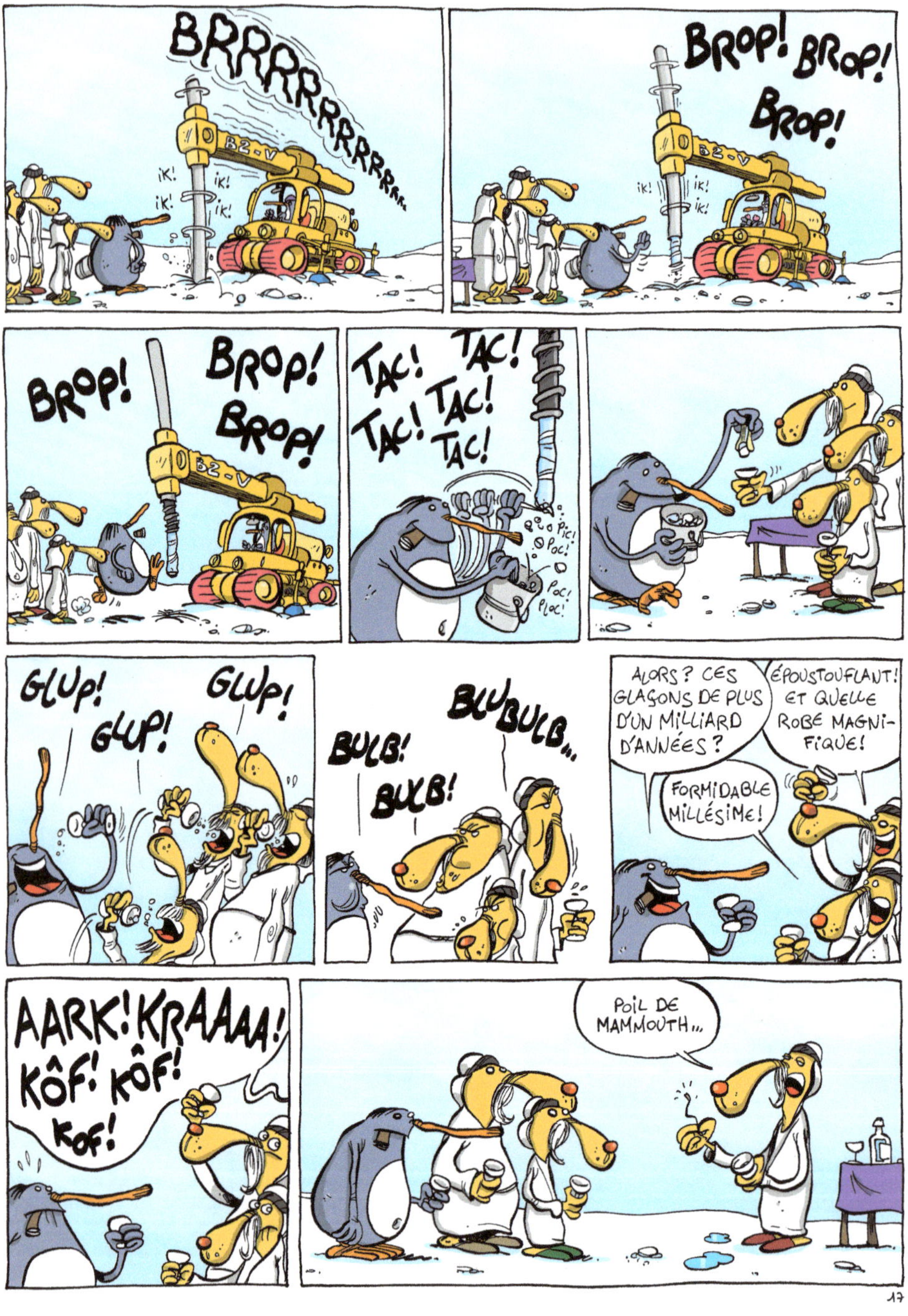
BRRRRRRRRRRRRRR...
IK!
IK!
IK!
IK!
BROP! BROP!
BROP!
IK!
IK!
IK!
BROP!
BROP!
BROP!
TAC! TAC!
TAC! TAC!
TAC!
PIC!
POC!
POC!
PLOC!
GLUP!
GLUP!
GLUP!
BULB!
BULB!
BLUBULB...
ALORS ? CES GLAÇONS DE PLUS D'UN MILLIARD D'ANNÉES ?
ÉPOUSTOUFLANT ! ET QUELLE ROBE MAGNIFIQUE !
FORMIDABLE MILLÉSIME !
AARK! KRAAAAA!
KÔF! KÔF!
KOF!
POIL DE MAMMOUTH...
17

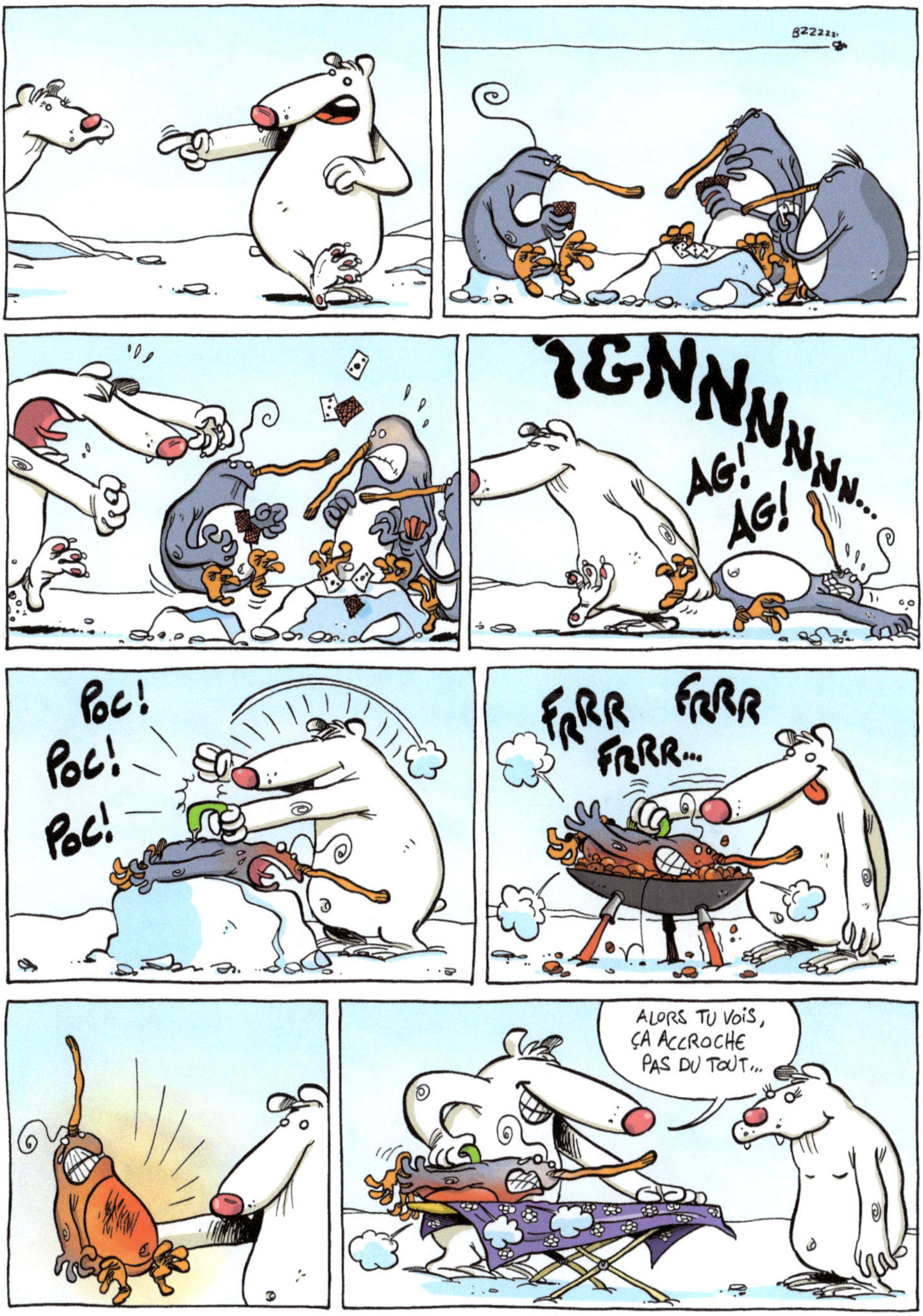
BZZZZZZ.
IGNNNNNNN...
AG!
AG!
Poc!
Poc!
Poc!
FRRR
FRRR
FRRR...
ALORS TU VOIS, ÇA ACCROCHE PAS DU TOUT...

18

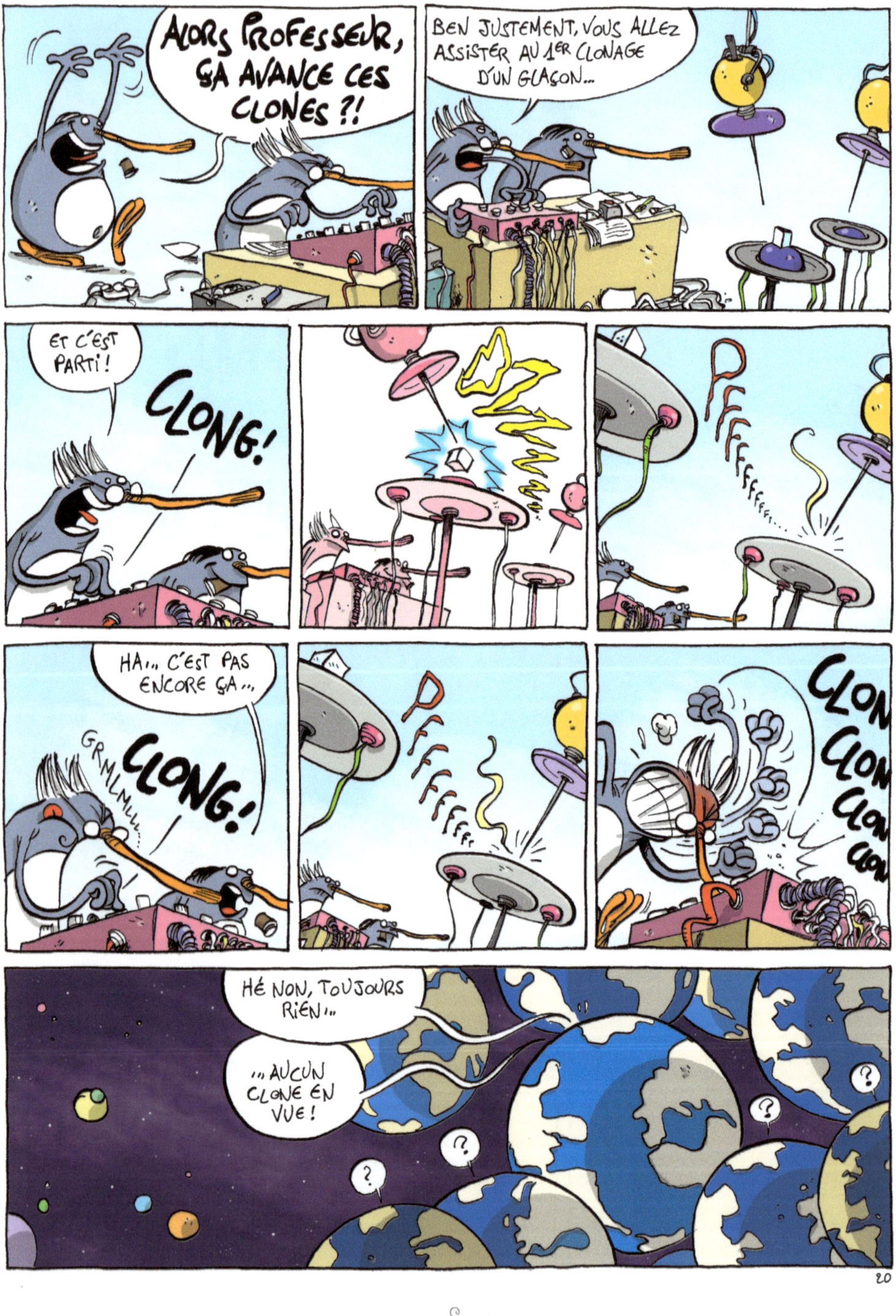
ALORS PROFESSEUR, ÇA AVANCE CES CLONES ?!
BEN JUSTEMENT, VOUS ALLEZ ASSISTER AU 1ER CLONAGE D'UN GLAÇON...
ET C'EST PARTI !
CLONG!
PFFFFFFFF...
HA... C'EST PAS ENCORE ÇA...
GRMLMLLL...
CLONG!
PFFFFFFFF...
CLON
CLON
CLON
CLON
HÉ NON, TOUJOURS RIEN...
...AUCUN CLONE EN VUE !
?
?
?
?
20

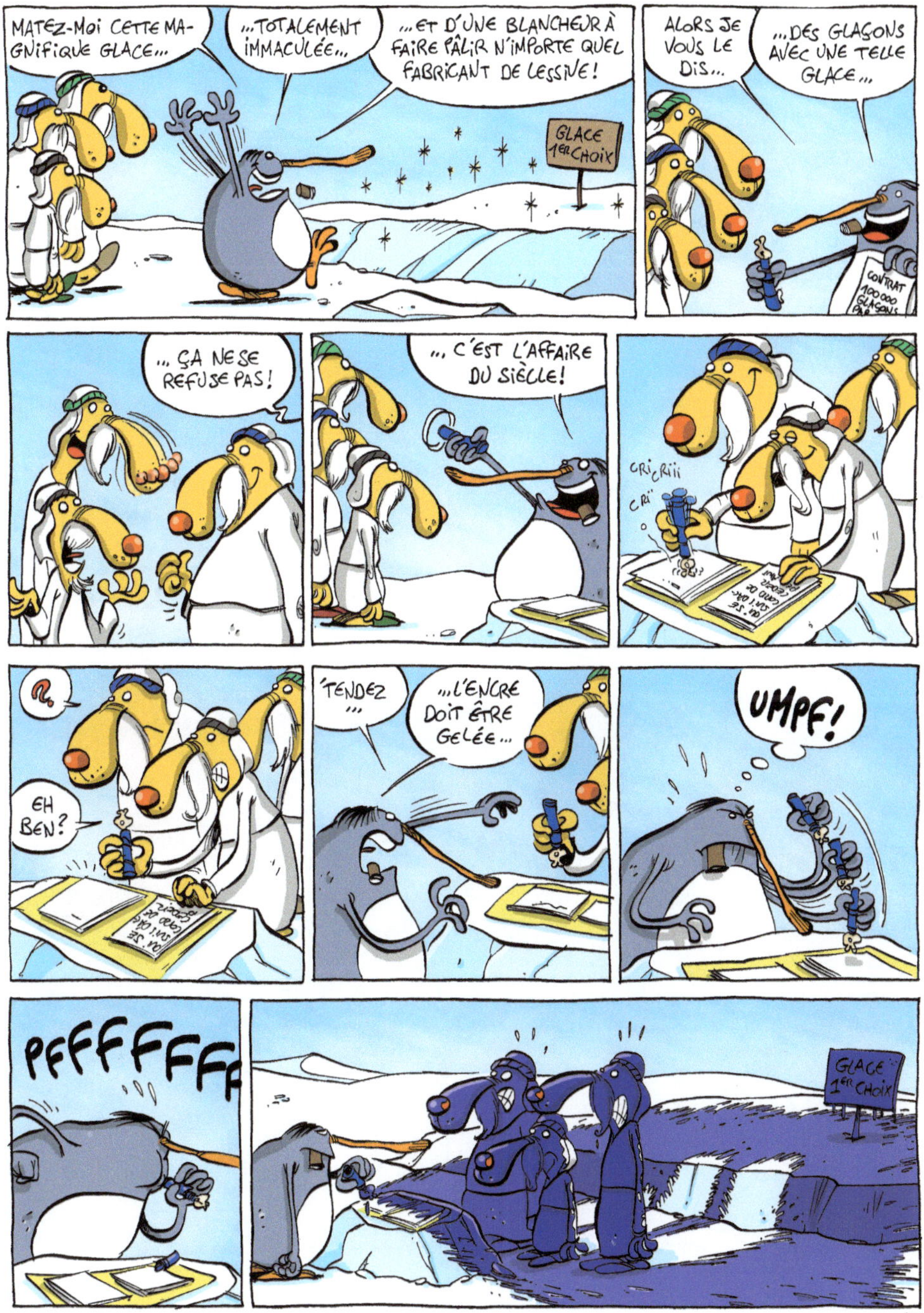
MATEZ-MOI CETTE MAGNIFIQUE GLACE...
...TOTALEMENT IMMACULÉE...
...ET D'UNE BLANCHEUR À FAIRE PÂLIR N'IMPORTE QUEL FABRICANT DE LESSIVE!
GLACE 1ER CHOIX
ALORS JE VOUS LE DIS...
...DES GLAÇONS AVEC UNE TELLE GLACE...
..., ÇA NE SE REFUSE PAS!
..., C'EST L'AFFAIRE DU SIÈCLE!
CRI CRIII
CRI
?
EH BEN?
'TENDEZ ...
...L'ENCRE DOIT ÊTRE GELÉE...
UMPF!
PFFFFFFF
GLACE 1ER CHOIX

21

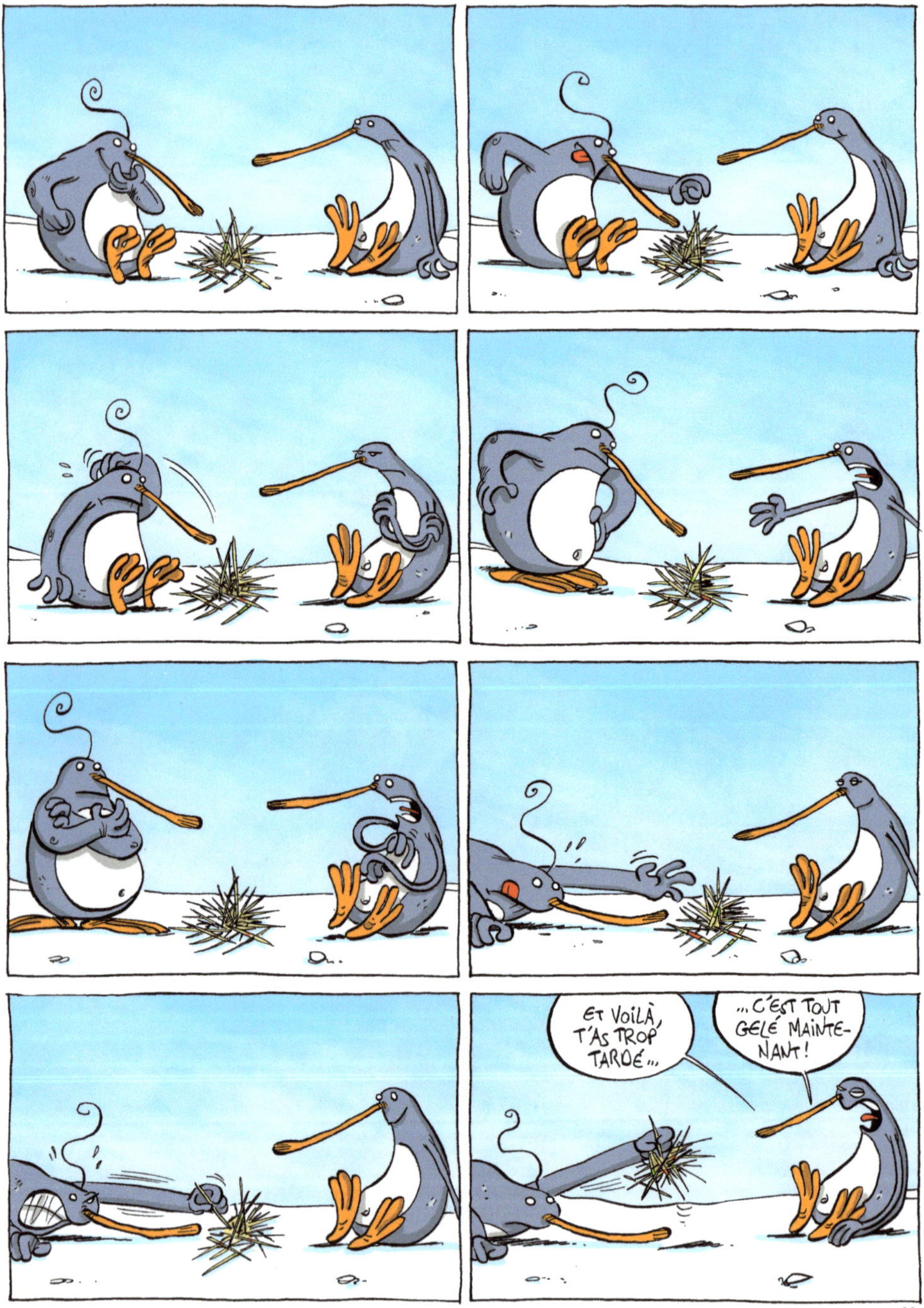
ET VOILÀ, T'AS TROP TARDÉ...
... C'EST TOUT GELÉ MAINTE-NANT !

22

HO PUNAISE!
... JE VAIS RATER MA MANIF, MOI!
DÉSOLÉ LES GARS...
... ON SE RAPPELLE!
'FAUT PAS QUE JE SOIS À LA BOURRE...
... ÇA FERAIT PAS SÉRIEUX ...
POF
POF!
ALLEZ HOP! COMME ÇA, ÇA IRA PLUS VITE...
PONK!
SCHIIIIIIIIIII
MAIS JAMAIS DE LA VIE J'AI COMMANDÉ 10 000 ÉPONGES "GRATOUNE"!
ÉCOUTEZ... MOI J'AI UNE LIVRAISON À CETTE ADRESSE... ALORS...
SUPER GRATANTE
10 000 ÉPONGES GRATOUNE HAUTE PERFORMANCE
MPFFF...
SUPER GRATANTE!
10 000 ÉPONGES GRATOUNE HAUTE PERFORMANCE
SCHIIIIIII
¿?
...
STOP! CHALEUR!
NON AU RÉCHAUFFEMENT
MADAULE 23

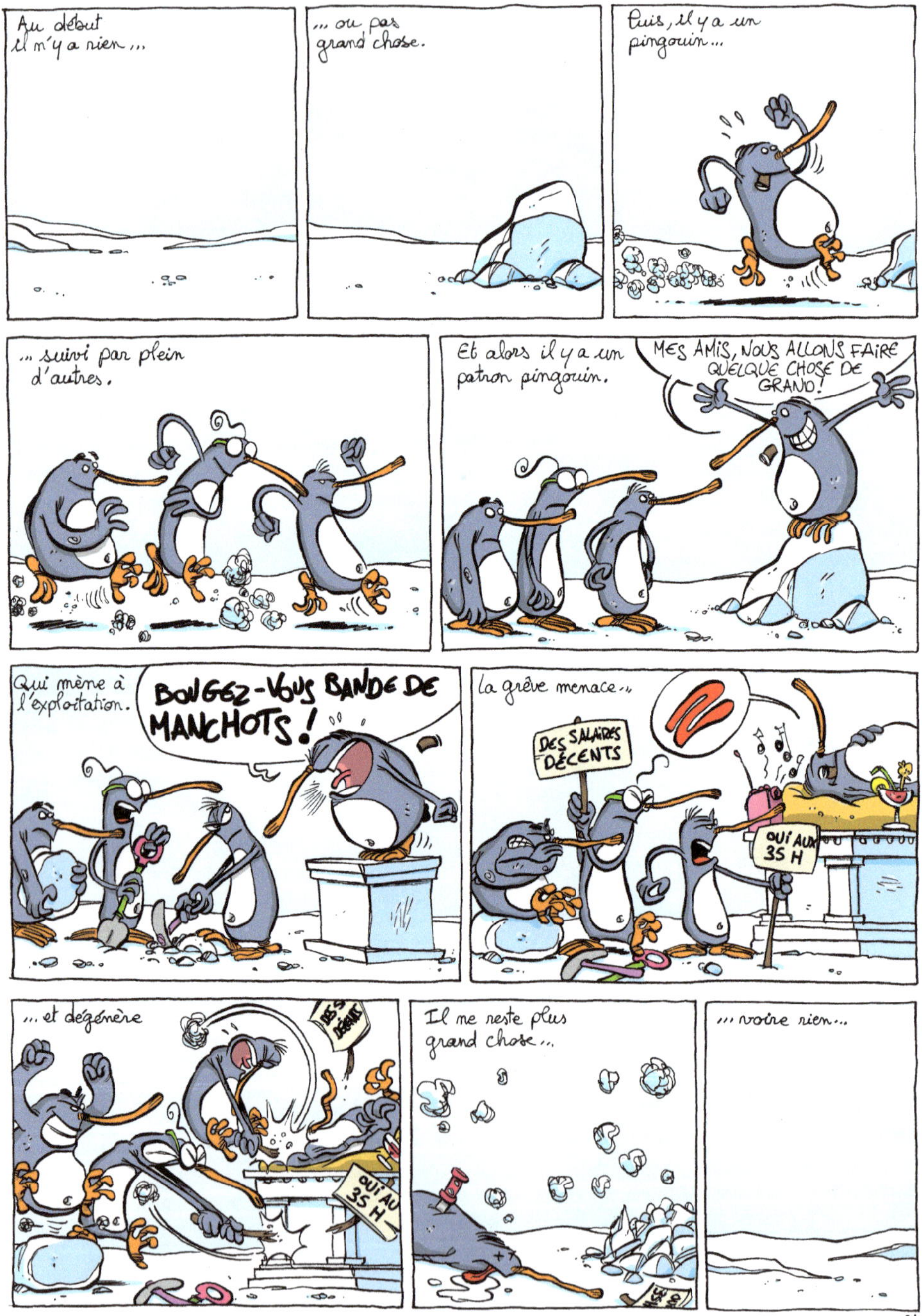
Au début il n'y a rien...
... ou pas grand chose.
Puis, il y a un pingouin...
... suivi par plein d'autres.
Et alors il y a un patron pingouin.
MES AMIS, NOUS ALLONS FAIRE QUELQUE CHOSE DE GRAND!
Qui mène à l'exploitation.
BOUGEZ-VOUS BANDE DE MANCHOTS!
La grève menace...
DES SALAIRES DÉCENTS
OUI AUX 35 H
... et dégénère
OUI AU 35 H
Il ne reste plus grand chose...
... voire rien...

24

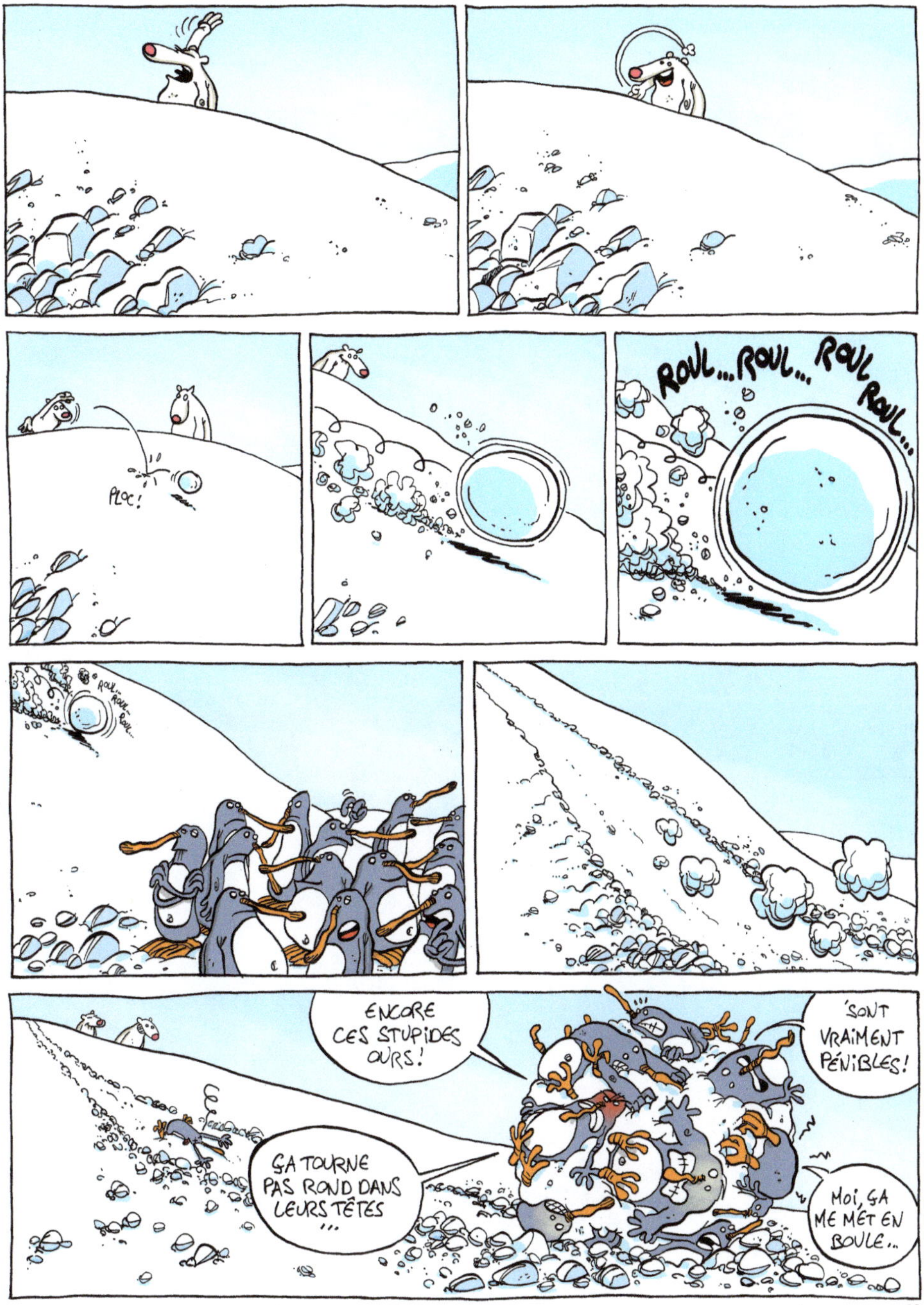
PLOC!
ROUL... ROUL... ROUL ROUL...
ROUL... ROUL... ROUL...
ENCORE CES STUPIDES OURS!
'SONT VRAIMENT PÉNIBLES!
ÇA TOURNE PAS ROND DANS LEURS TÊTES ...
MOI, ÇA ME MET EN BOULE..

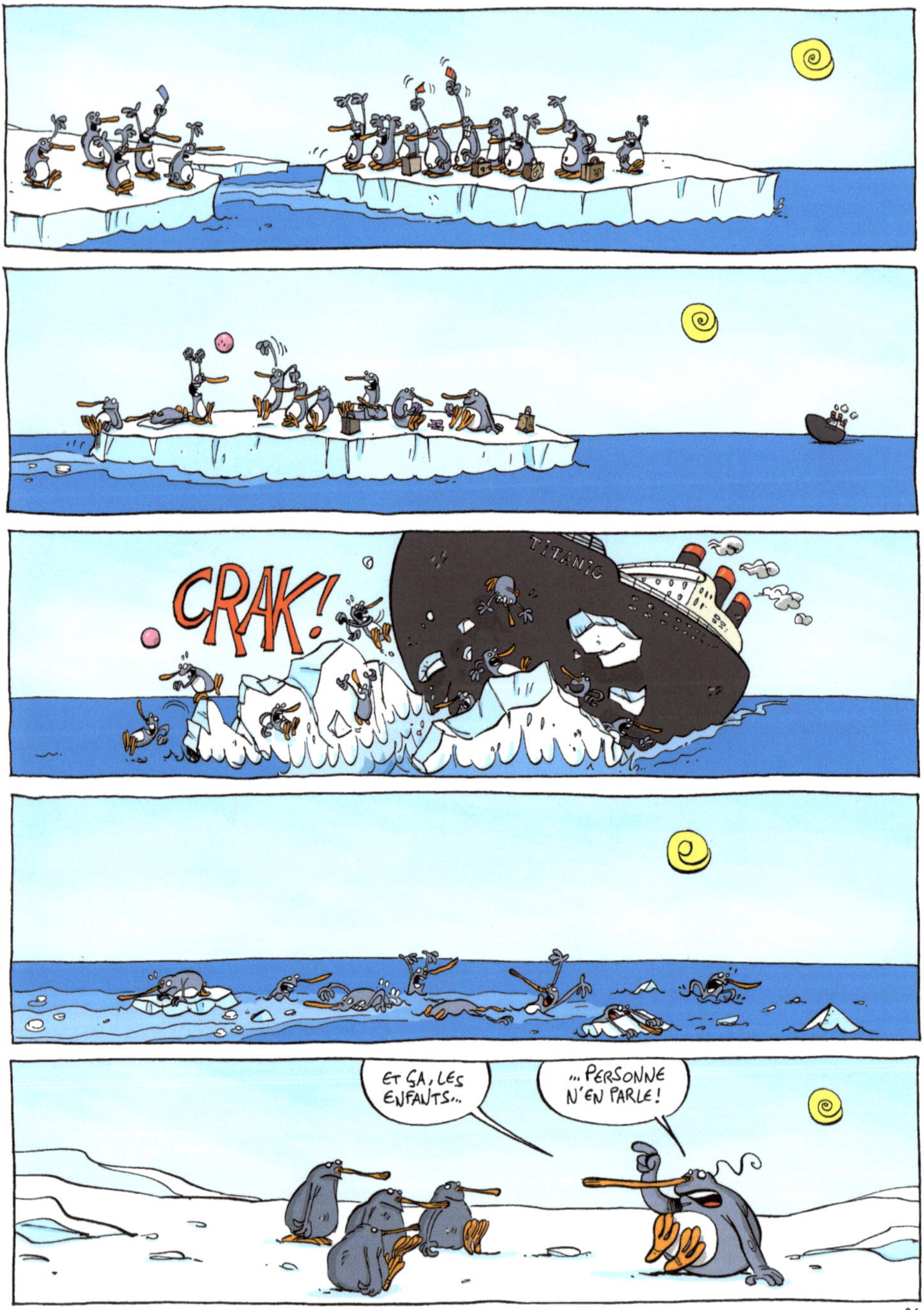
TITANIC
CRAK!
ET ÇA, LES ENFANTS...
... PERSONNE N'EN PARLE!

26

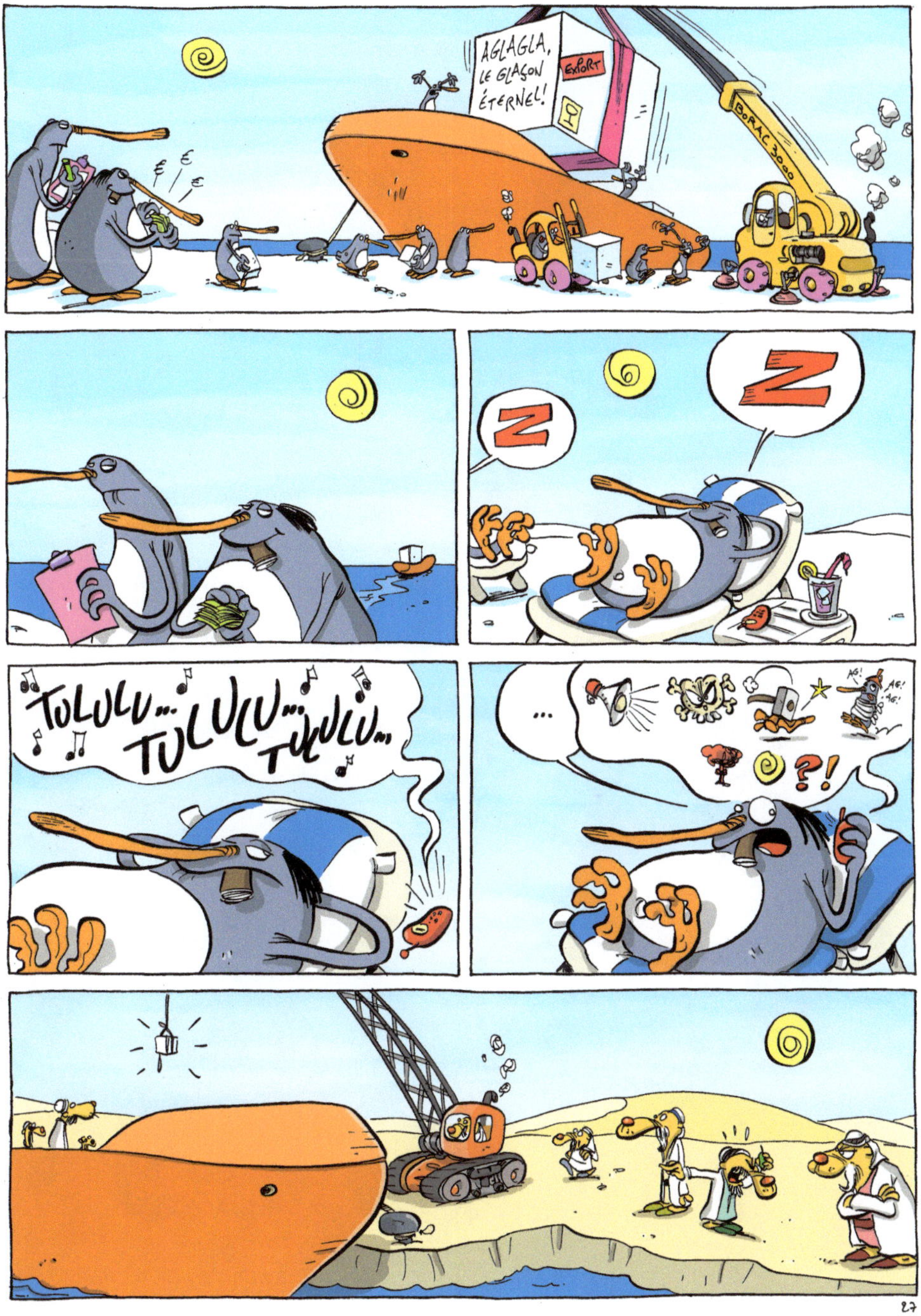
AGLAGLA, LE GLAÇON ÉTERNEL!
EXPORT
BORAC 3000
Z
Z
TULULU... TULULU... TULULU...
...
AG! AG! AG!
27

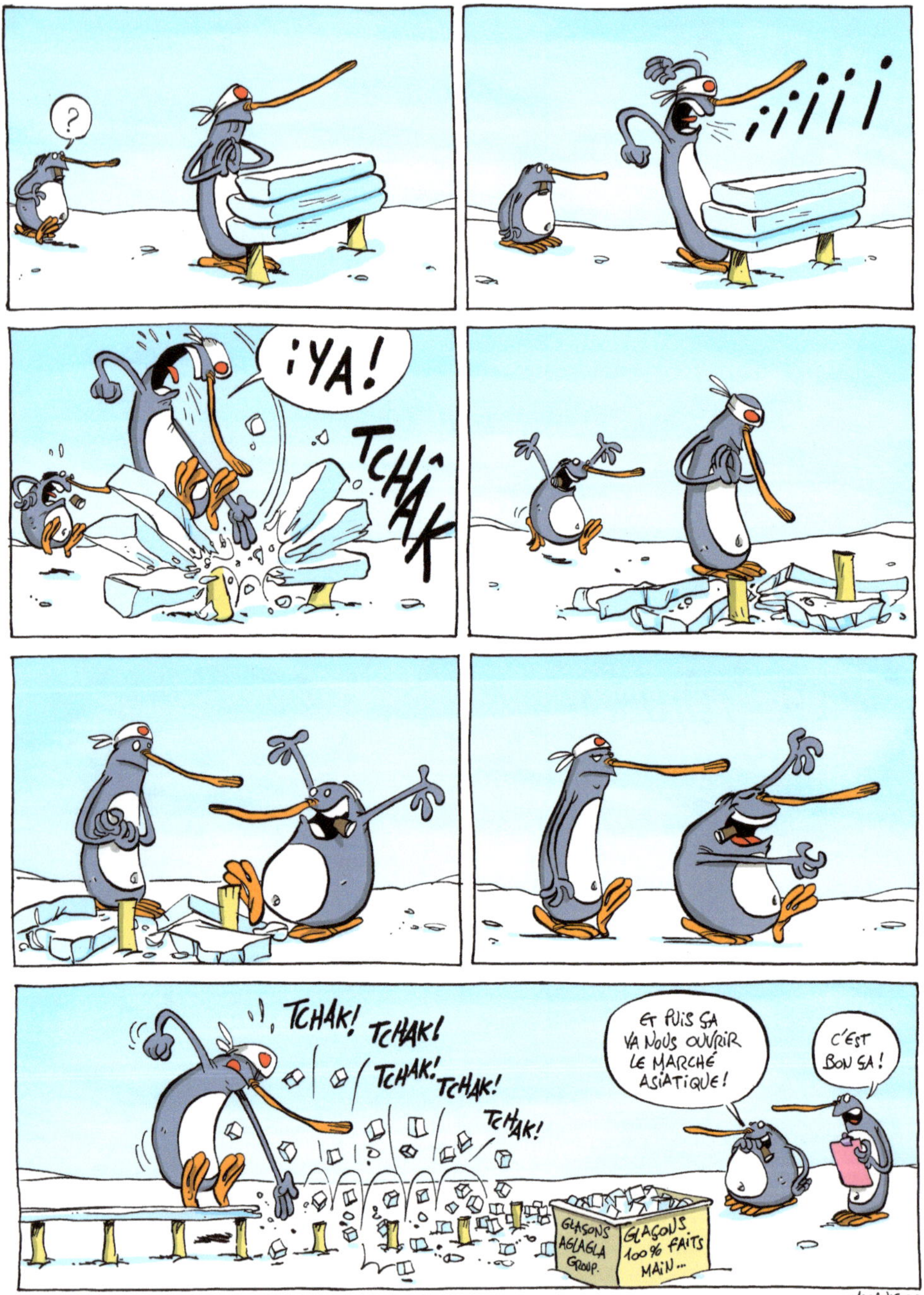
?
¡¡¡¡¡
¡YA!
TCHÂK
TCHAK!
TCHAK!
TCHAK!
TCHAK!
TCHAK!
ET PUIS ÇA VA NOUS OUVRIR LE MARCHÉ ASIATIQUE!
C'EST BON ÇA!
GLAÇONS AGLAGLA GROUP.
GLAÇONS 100% FAITS MAIN...
MADAULE 28

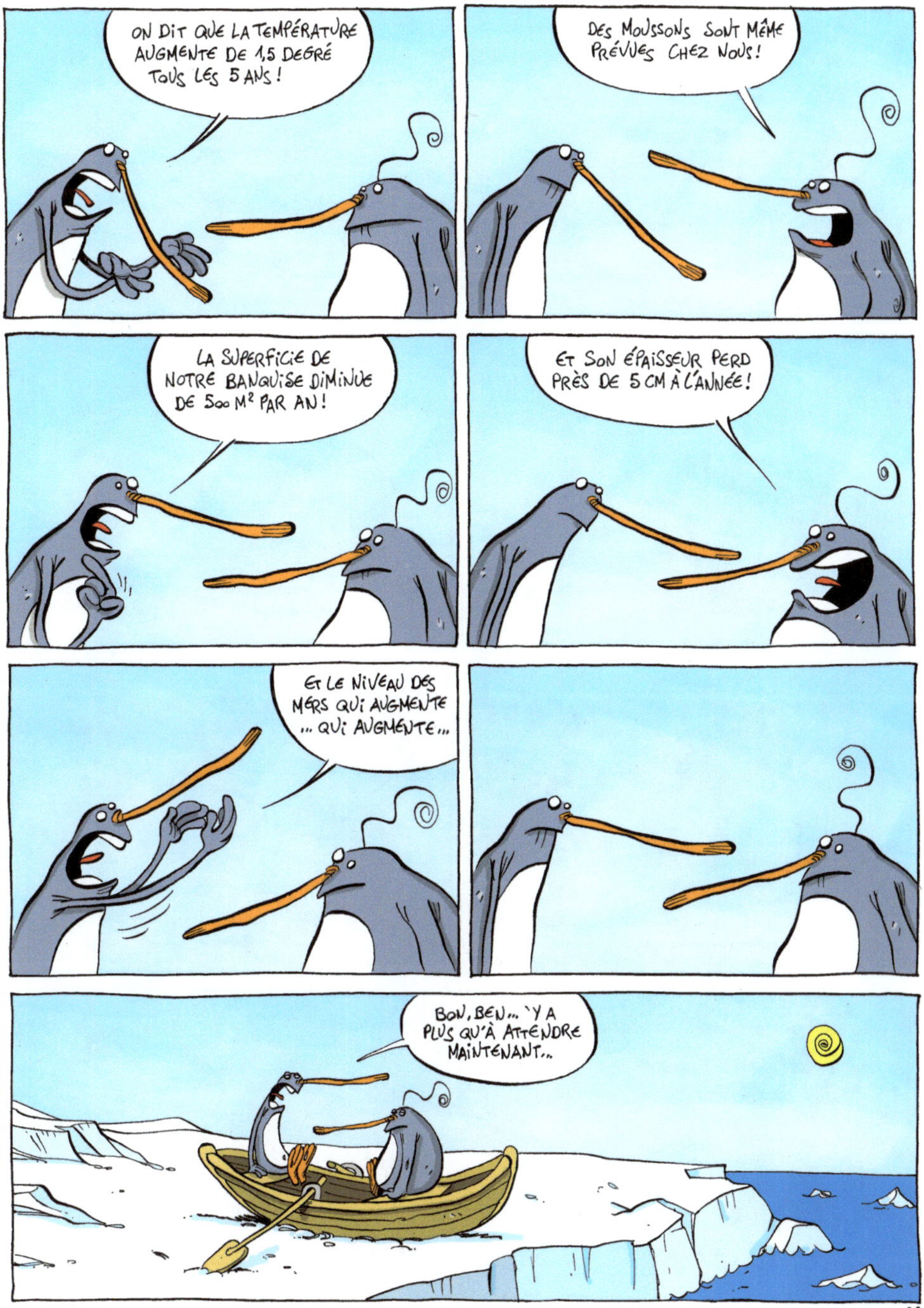
ON DIT QUE LA TEMPÉRATURE AUGMENTE DE 1,5 DEGRÉ TOUS LES 5 ANS !
DES MOUSSONS SONT MÊME PRÉVUES CHEZ NOUS !
LA SUPERFICIE DE NOTRE BANQUISE DIMINUE DE 500 M^2 PAR AN !
ET SON ÉPAISSEUR PERD PRÈS DE 5 CM À L'ANNÉE !
ET LE NIVEAU DES MERS QUI AUGMENTE ... QUI AUGMENTE ...
BON, BEN... `Y A PLUS QU'À ATTENDRE MAINTENANT...

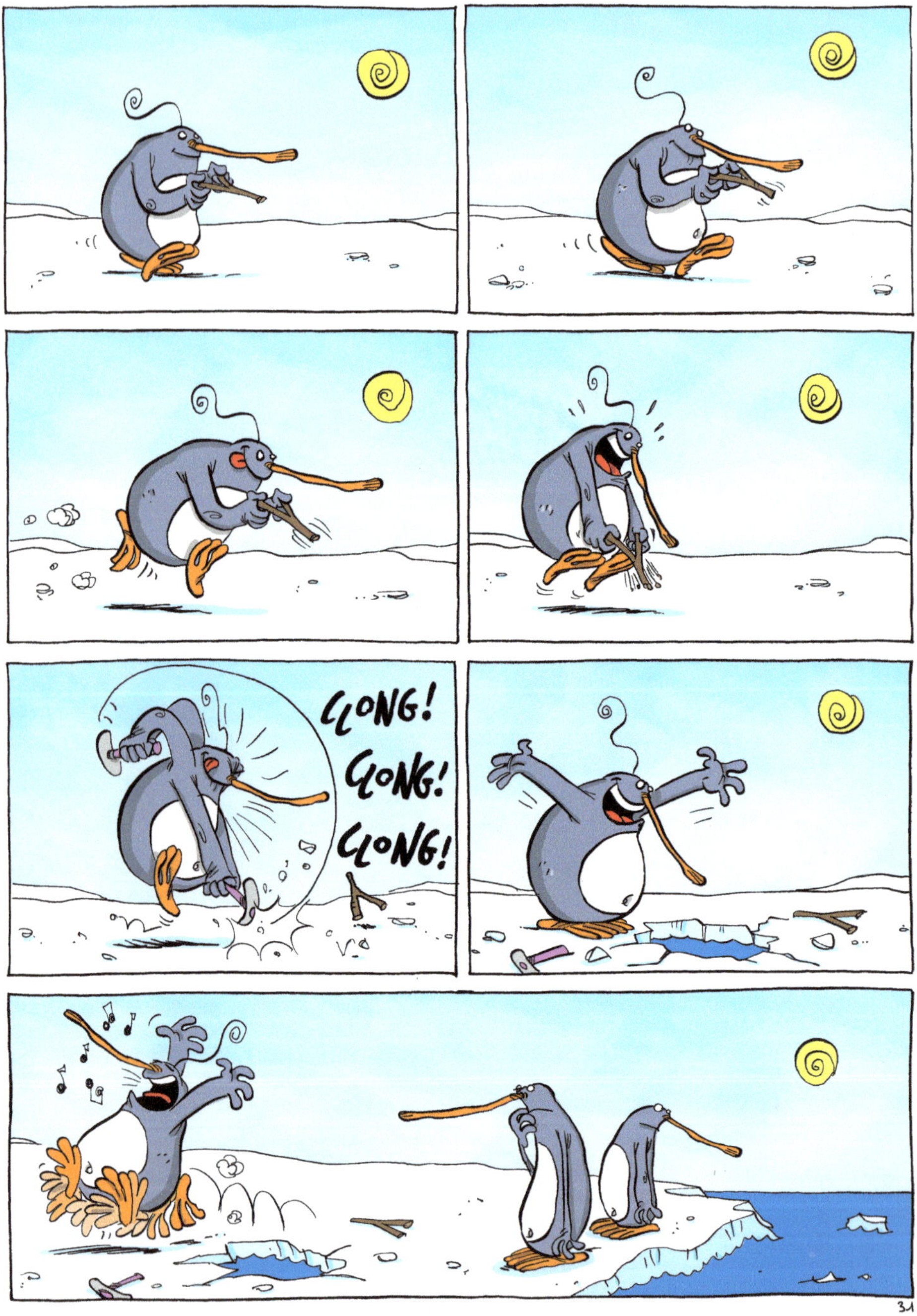
CLONG!
CLONG!
CLONG!

31

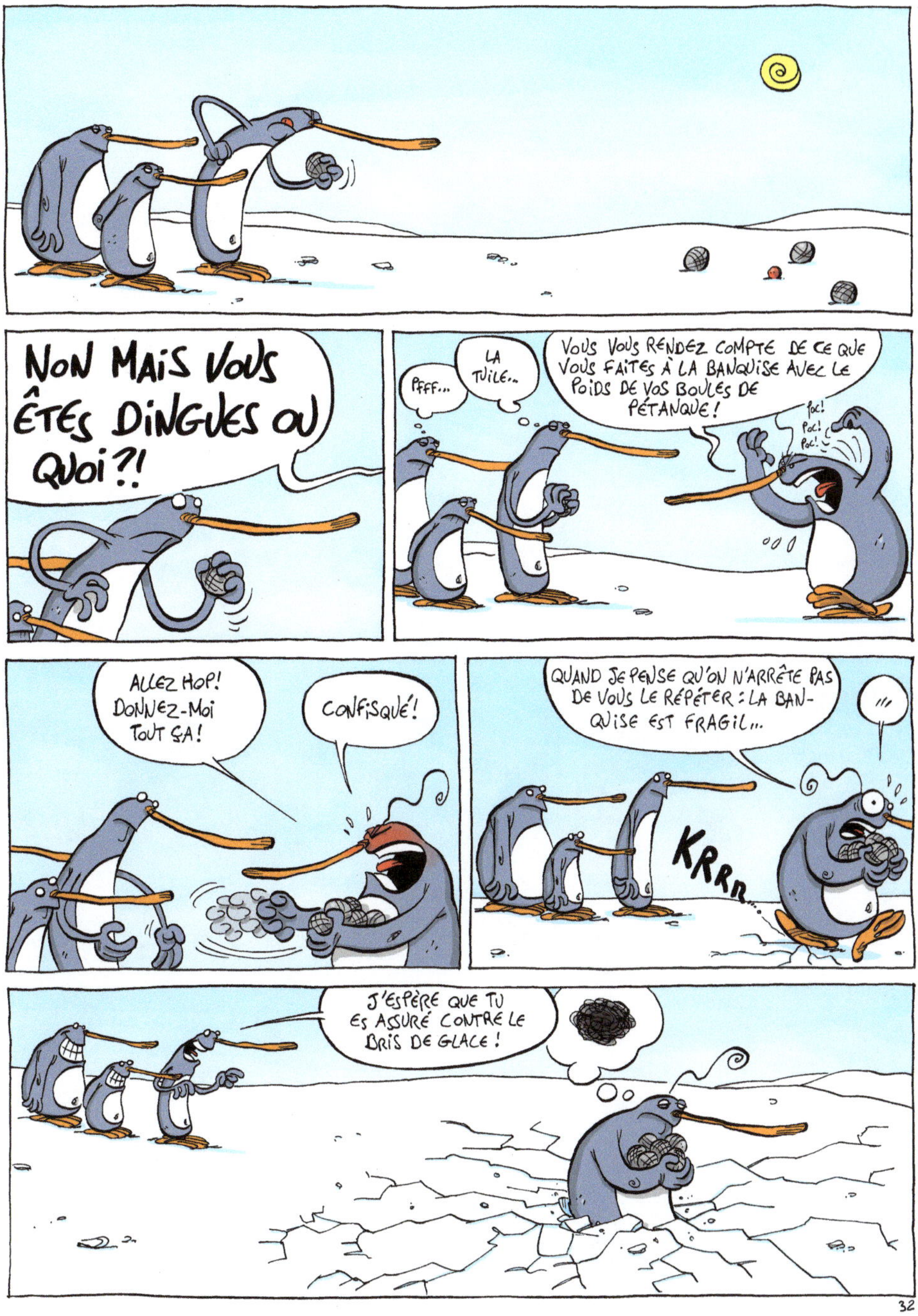
NON MAIS VOUS ÊTES DINGUES OU QUOI ?!
PFFF...
LA TUILE...
VOUS VOUS RENDEZ COMPTE DE CE QUE VOUS FAITES À LA BANQUISE AVEC LE POIDS DE VOS BOULES DE PÉTANQUE !
POC! POC! POC!
ALLEZ HOP! DONNEZ-MOI TOUT ÇA!
CONFISQUÉ!
QUAND JE PENSE QU'ON N'ARRÊTE PAS DE VOUS LE RÉPÉTER : LA BANQUISE EST FRAGIL...
KRRN...
J'ESPÈRE QUE TU ES ASSURÉ CONTRE LE BRIS DE GLACE !
32

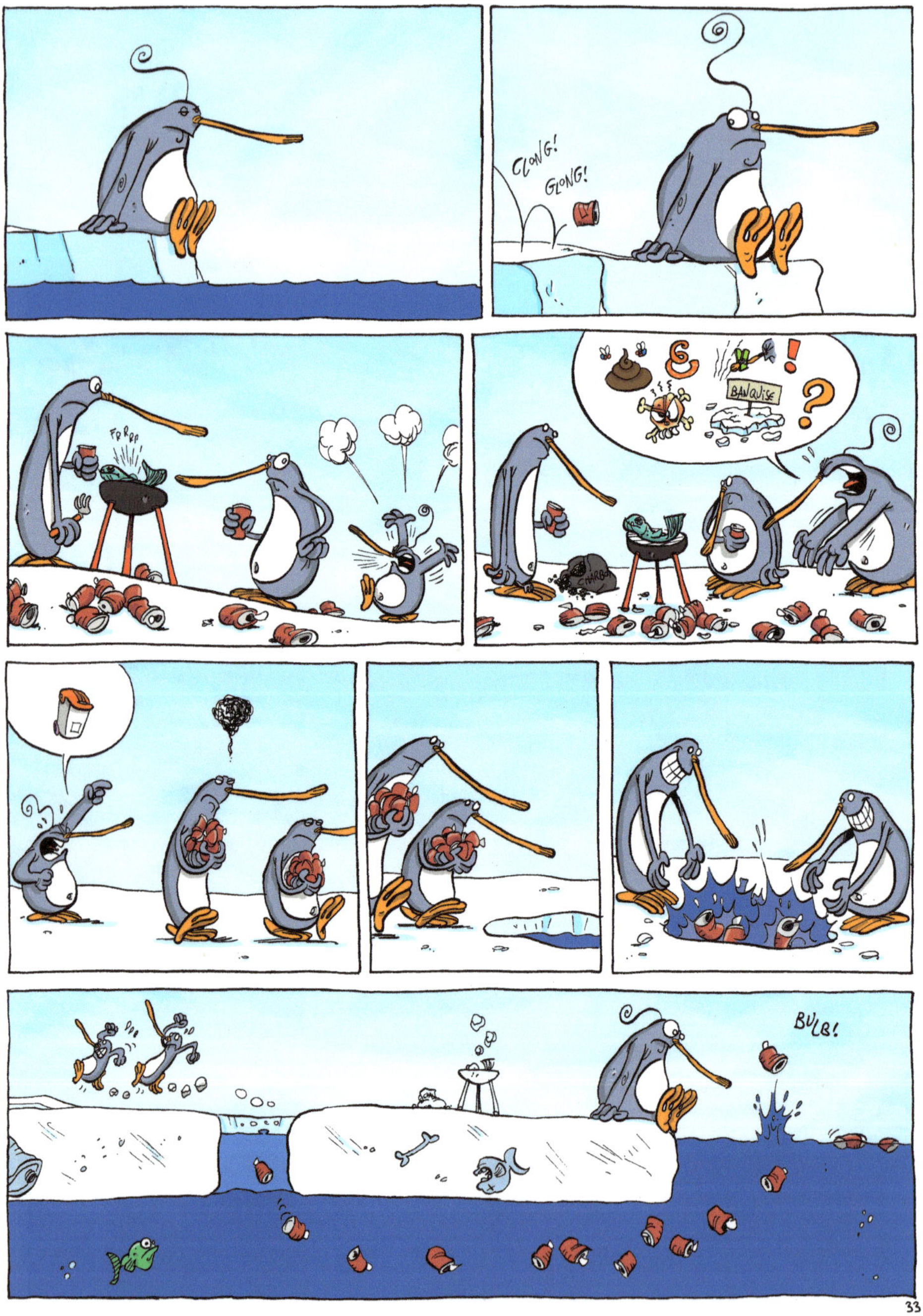
CLONG!
GLONG!
FRRRP
BANQUISE
BULB!

33

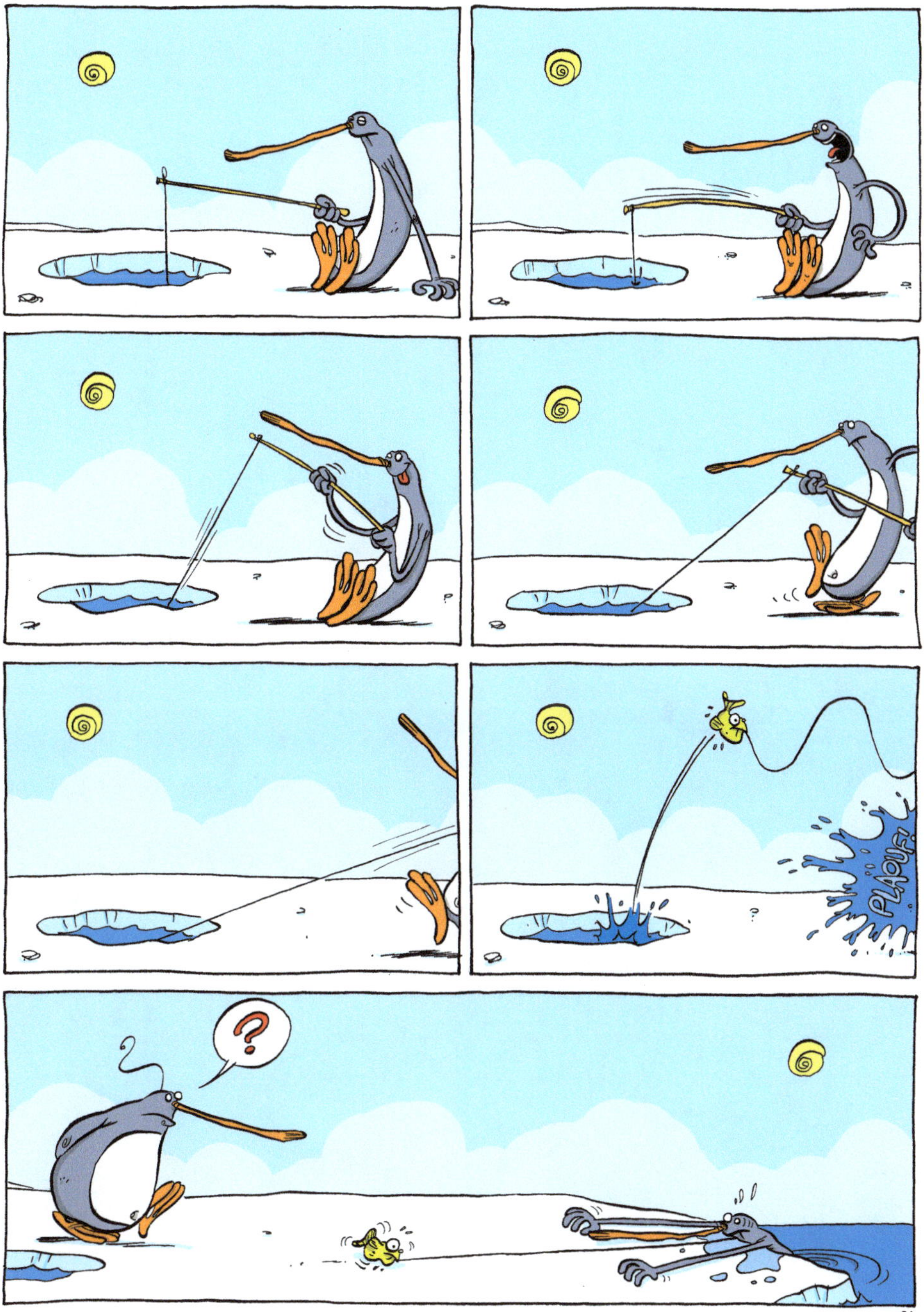
PLAOUF!
?

34

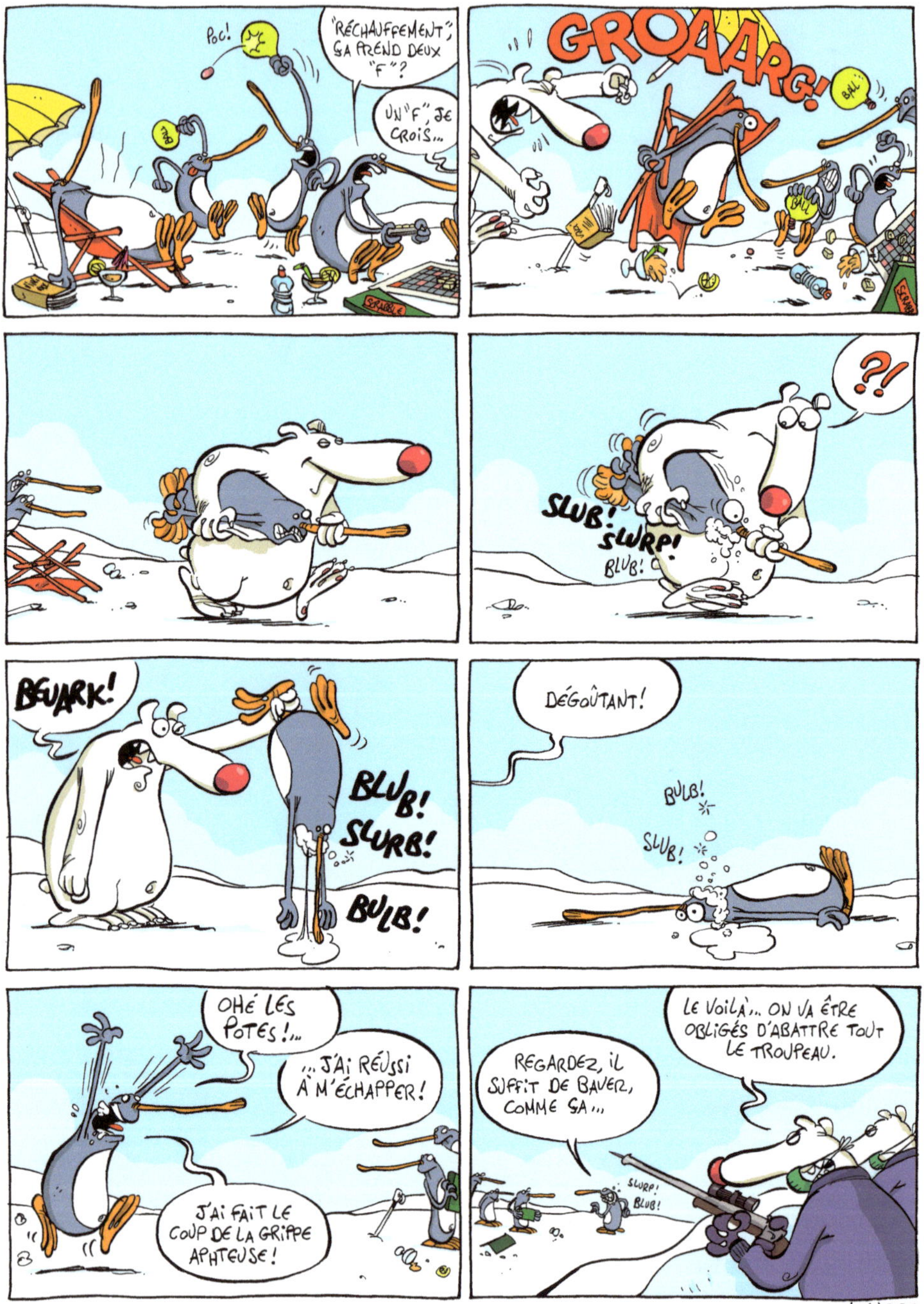
Poc!
"RÉCHAUFFEMENT", ÇA PREND DEUX "F"?
UN "F", JE CROIS...
SCRABBLE
GROAAARG!
BALL
?!
SLUB! SLURP!
BLUB!
BEUARK!
BLUB! SLURB!
BULB!
DÉGOÛTANT!
BULB!
SLUB!
OHÉ LES POTES !...
... J'AI RÉUSSI À M'ÉCHAPPER!
J'AI FAIT LE COUP DE LA GRIPPE APHTEUSE!
REGARDEZ, IL SUFFIT DE BAVER, COMME ÇA...
SLURP! BLUB!
LE VOILÀ... ON VA ÊTRE OBLIGÉS D'ABATTRE TOUT LE TROUPEAU.

MADAULE 35

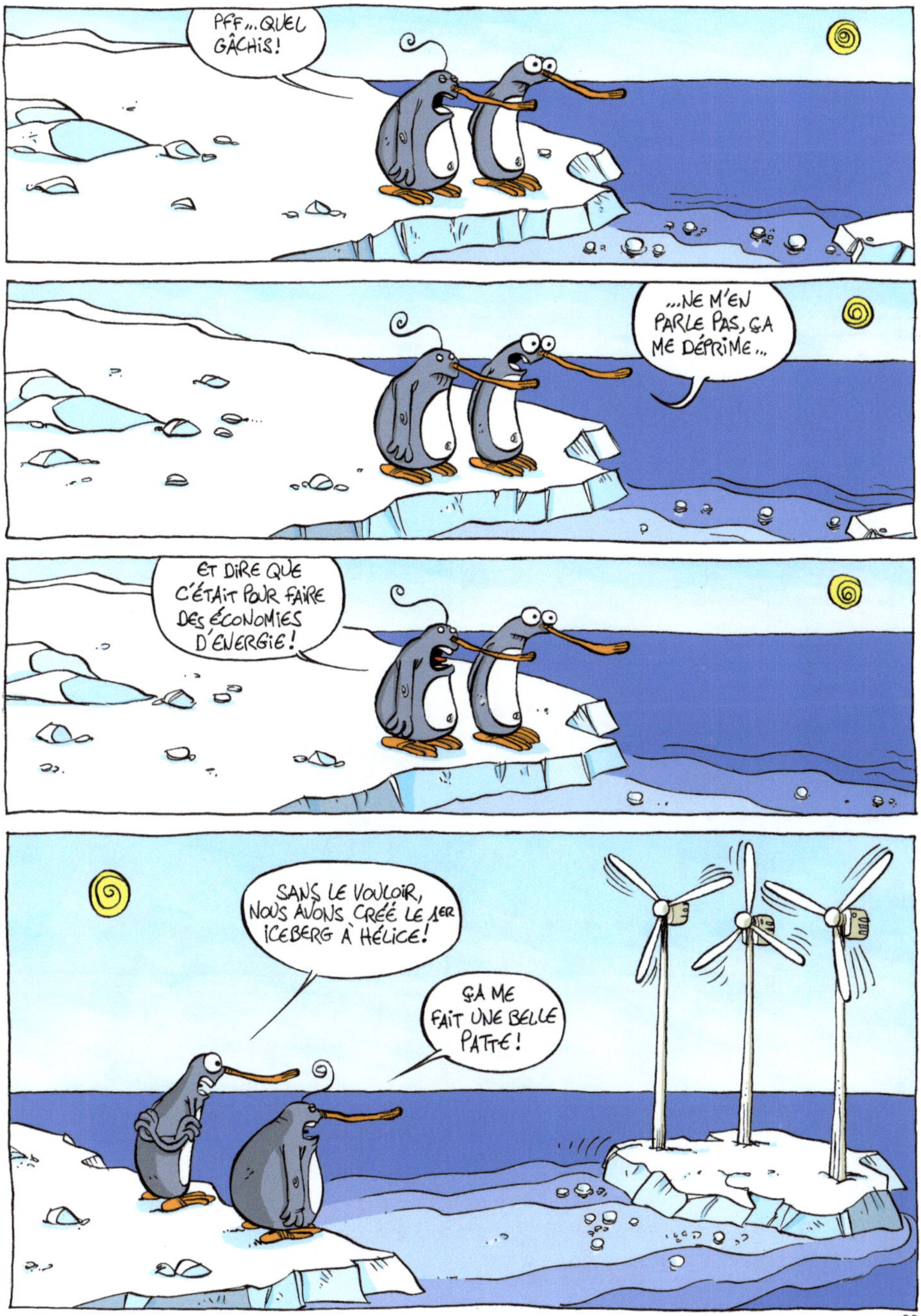
PFF... QUEL GÂCHIS!
...NE M'EN PARLE PAS, ÇA ME DÉPRIME...
ET DIRE QUE C'ÉTAIT POUR FAIRE DES ÉCONOMIES D'ENERGIE!
SANS LE VOULOIR, NOUS AVONS CRÉÉ LE 1ER ICEBERG À HÉLICE!
ÇA ME FAIT UNE BELLE PATTE!

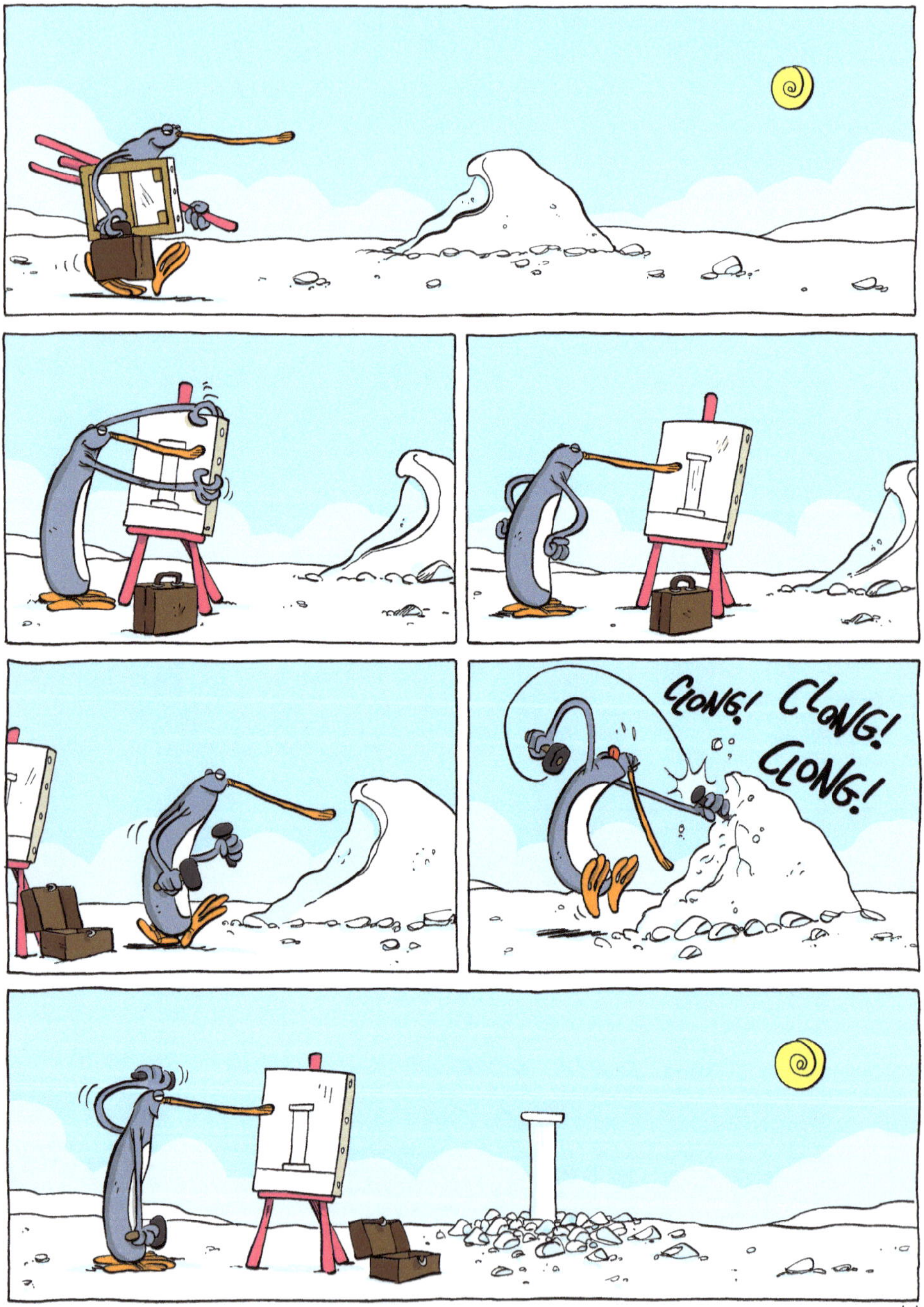
CLONG! CLONG!
CLONG!

41

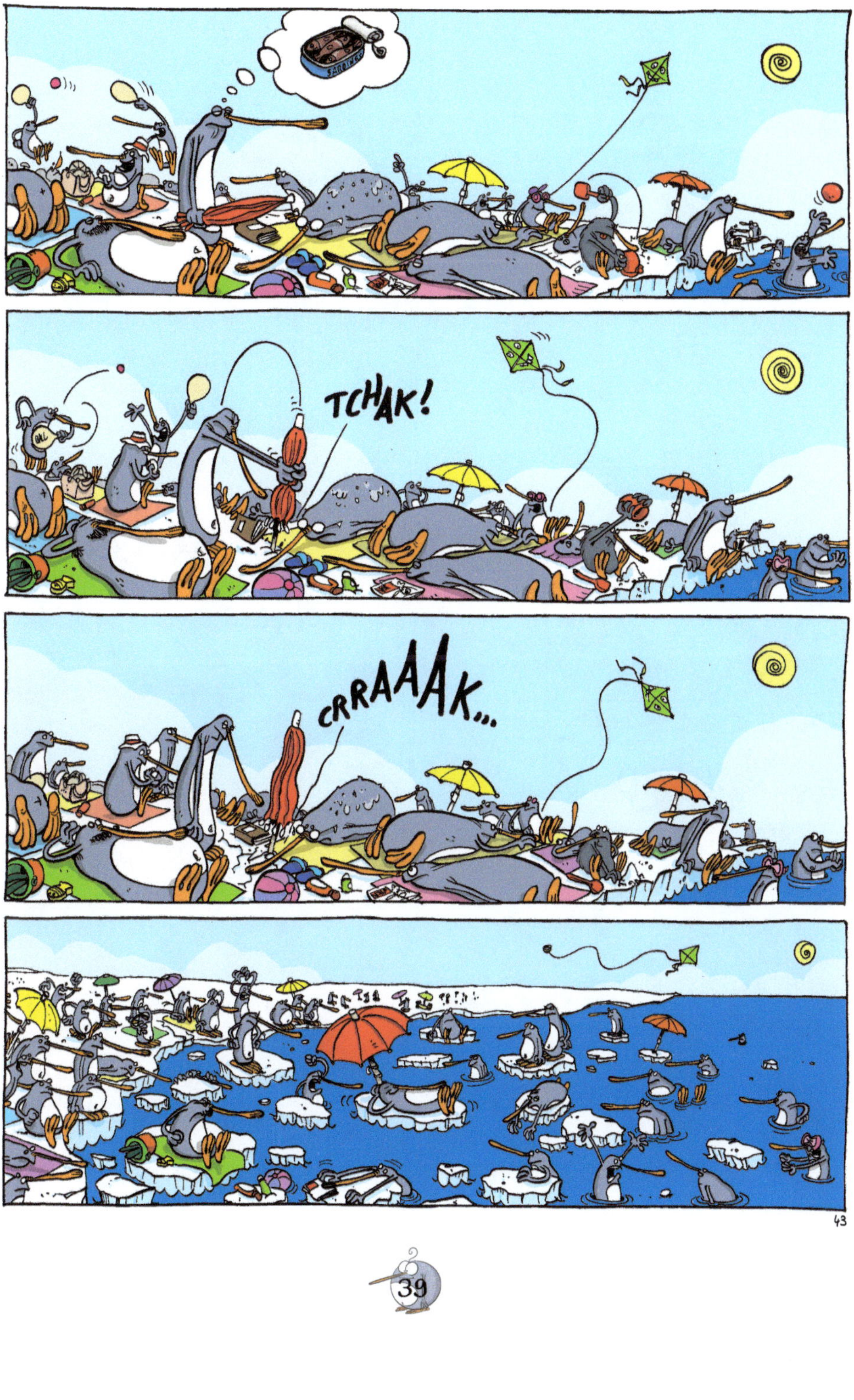
SARDINES
TCHAK!
CRRAAAK...

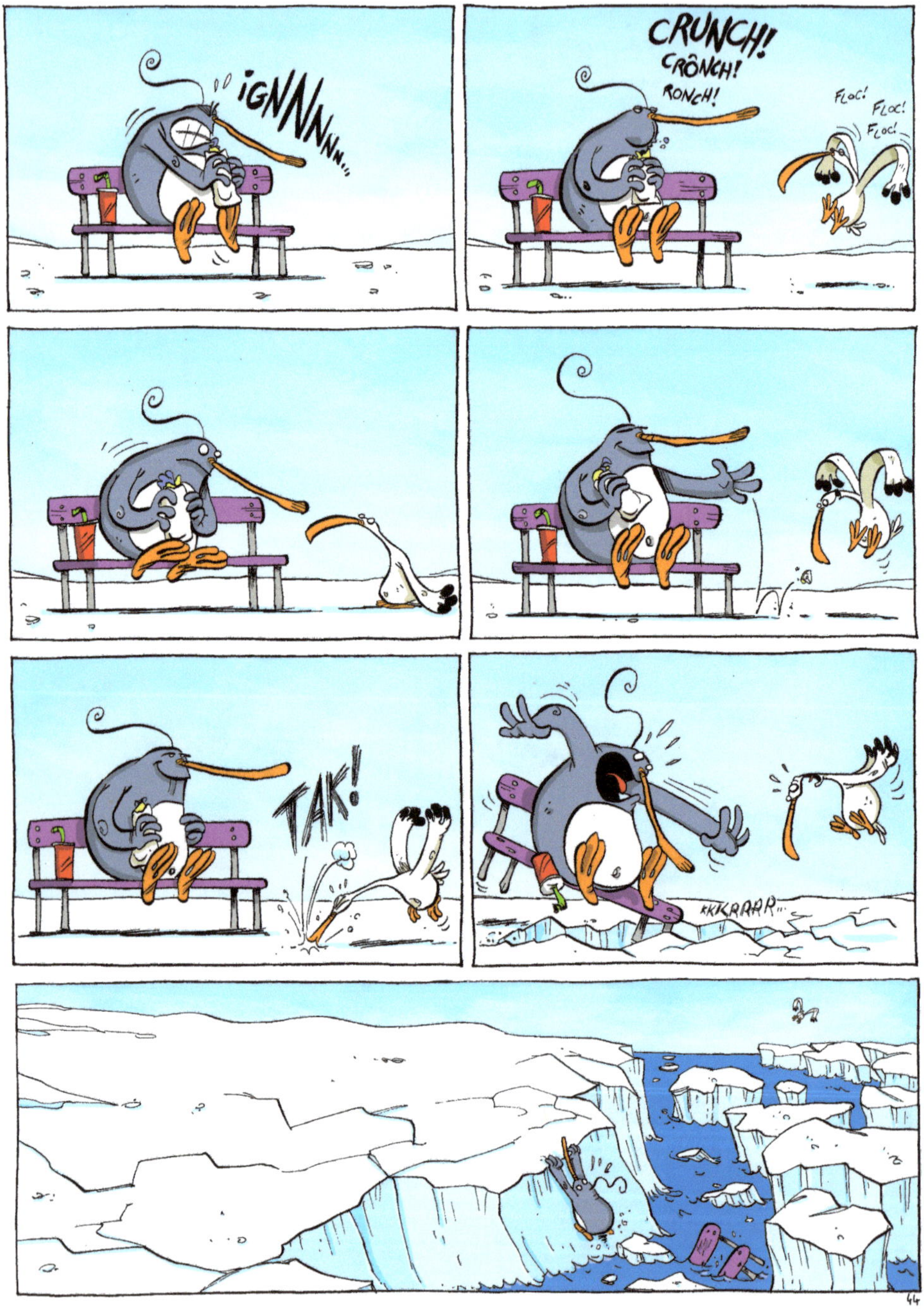
¡GNNNNNnn...
CRUNCH!
CRÔNCH!
RONCH!
FLOC!
FLOC!
FLOC!
TAK!
KKKRAAAR...

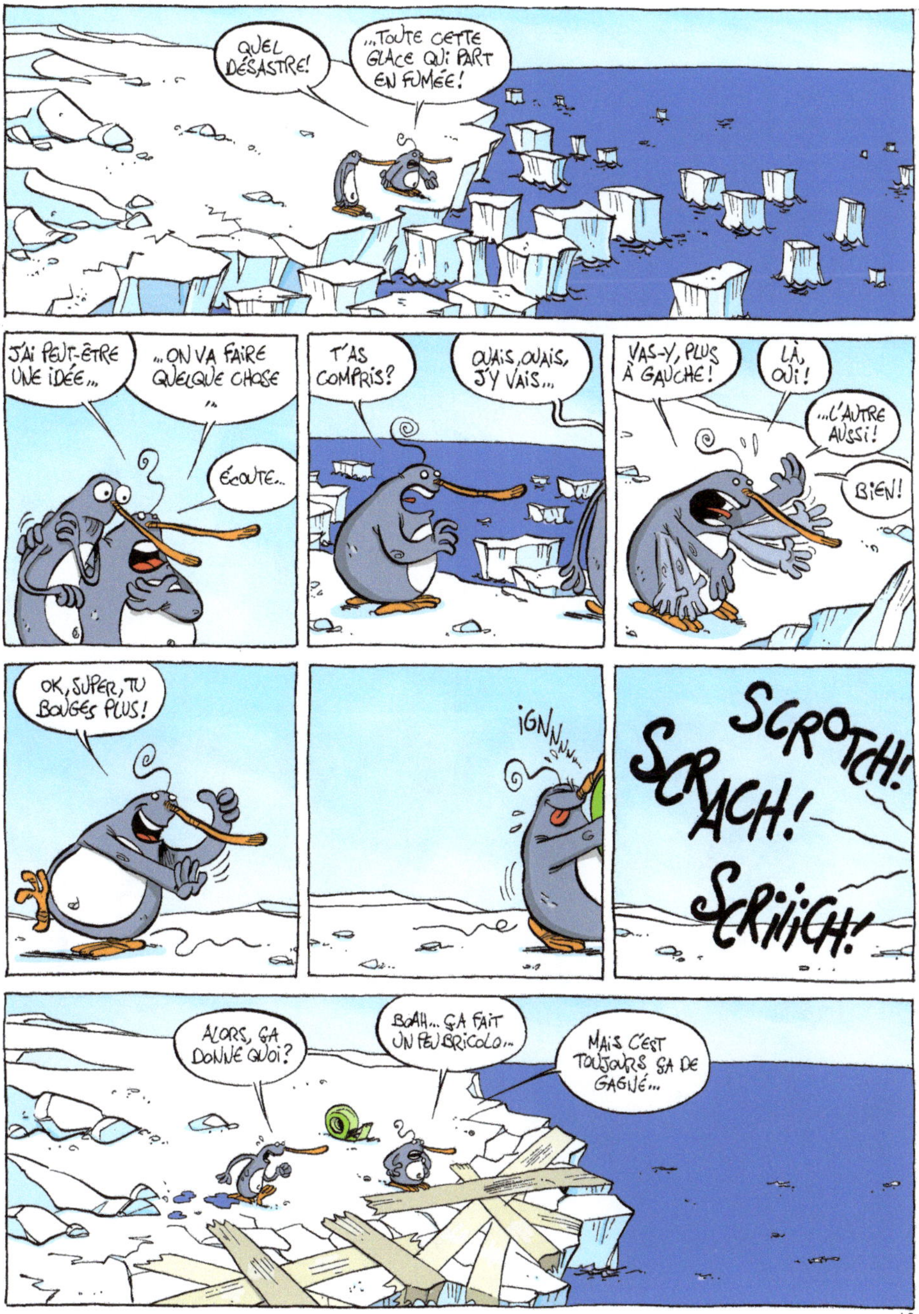
QUEL DÉSASTRE!
...TOUTE CETTE GLACE QUI PART EN FUMÉE!
J'AI PEUT-ÊTRE UNE IDÉE...
...ON VA FAIRE QUELQUE CHOSE ...
ÉCOUTE...
T'AS COMPRIS?
OUAIS, OUAIS, J'Y VAIS...
VAS-Y, PLUS À GAUCHE!
LÀ, OUI!
...L'AUTRE AUSSI!
BIEN!
OK, SUPER, TU BOUGES PLUS!
IGNNNNN...
SCROTCH!
SCRACH!
SCRIIICH!
ALORS, ÇA DONNE QUOI?
BOAH... ÇA FAIT UN PEU BRICOLO...
MAIS C'EST TOUJOURS ÇA DE GAGNÉ...

45

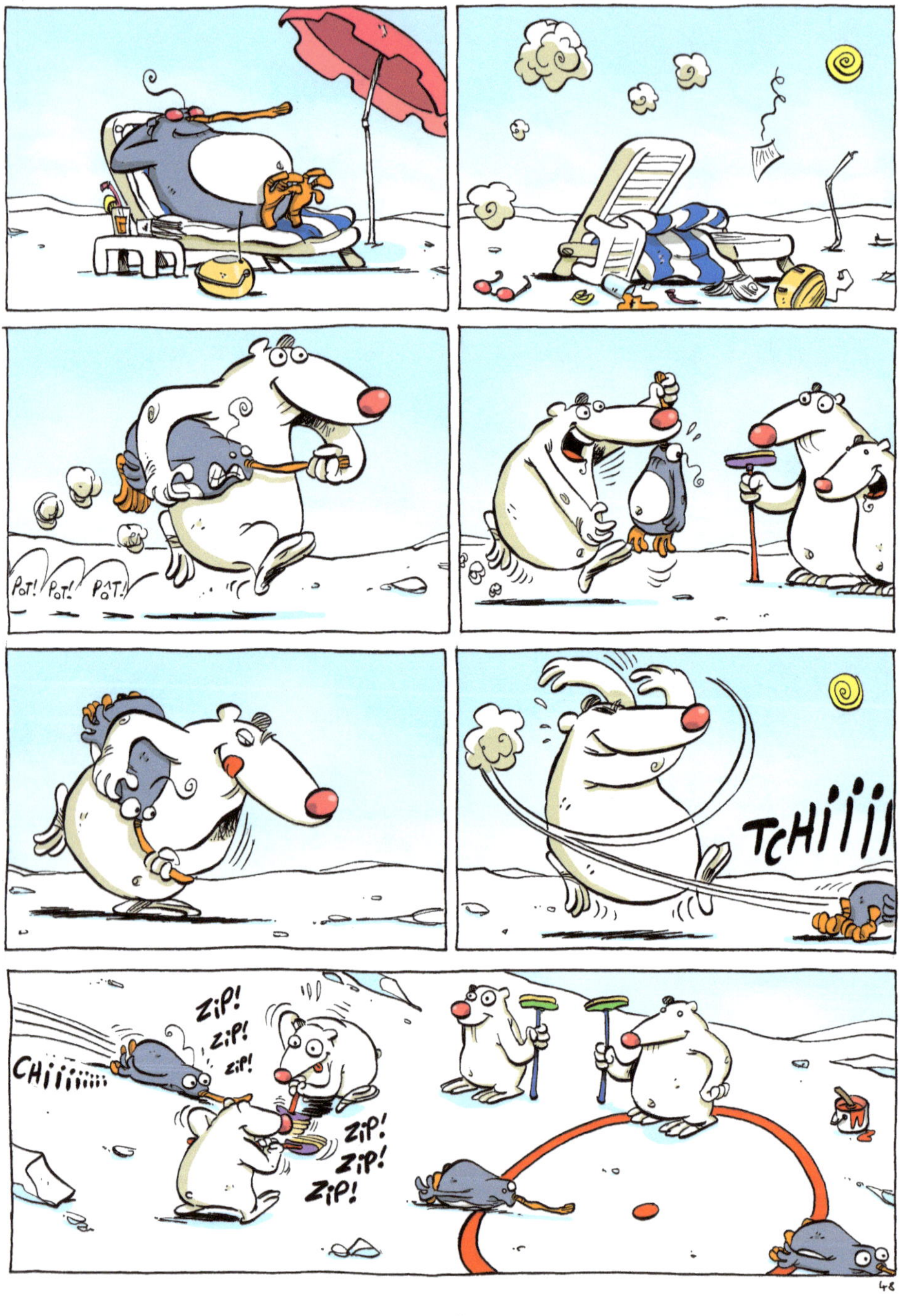
PaT! PaT! PaT!
TCHIiiii
CHIiiiiiii
ZiP!
ZiP!
ZiP!
ZiP!
ZiP!
ZiP!

48

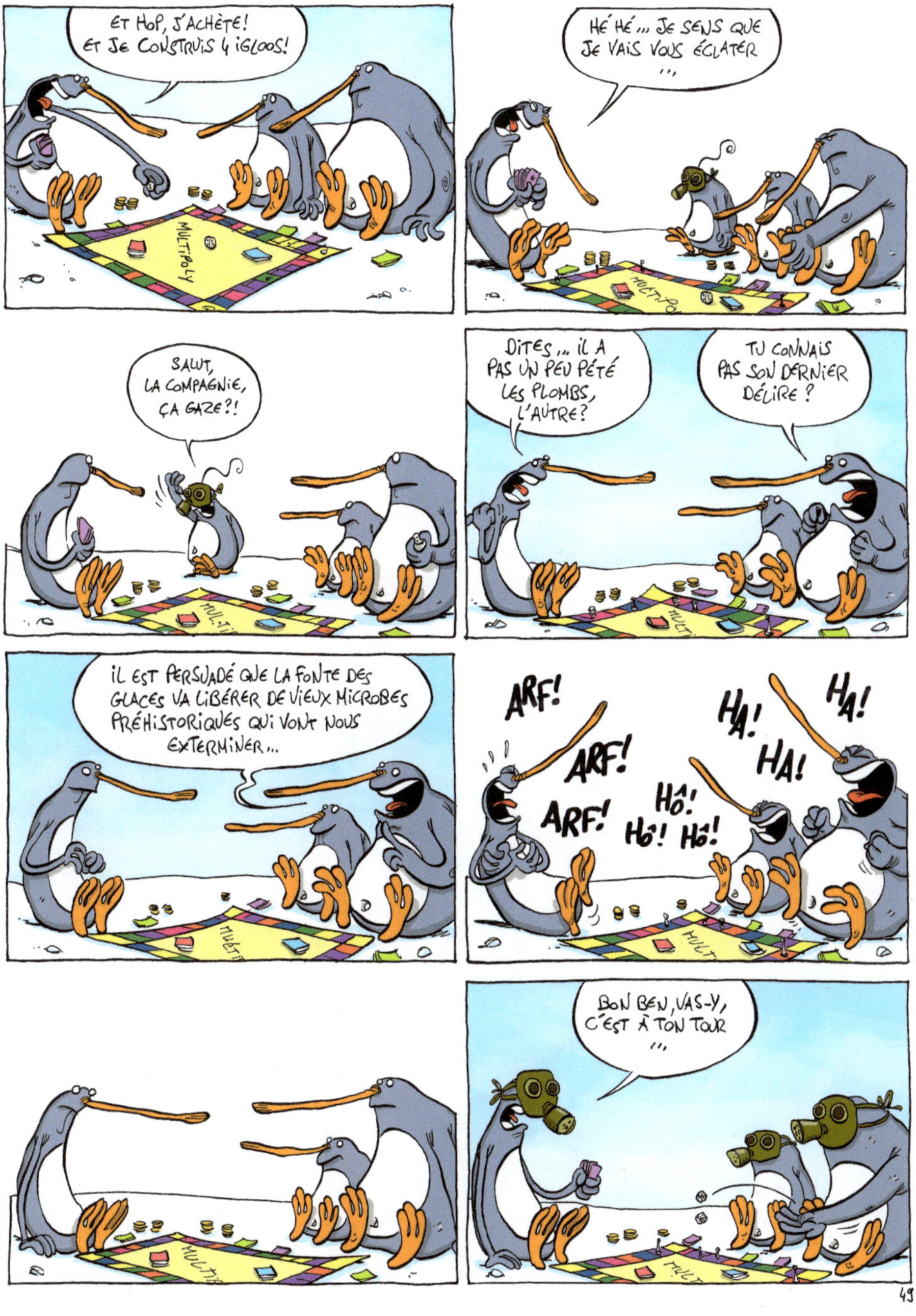
ET HOP, J'ACHÈTE! ET JE CONSTRUIS 4 IGLOOS!
MULTIPOLY
HÉ HÉ ... JE SENS QUE JE VAIS VOUS ÉCLATER ...
SALUT, LA COMPAGNIE, ÇA GAZE?!
DITES ... IL A PAS UN PEU PÉTÉ LES PLOMBS, L'AUTRE?
TU CONNAIS PAS SON DERNIER DÉLIRE?
IL EST PERSUADÉ QUE LA FONTE DES GLACES VA LIBÉRER DE VIEUX MICROBES PRÉHISTORIQUES QUI VONT NOUS EXTERMINER...
ARF!
ARF!
ARF!
HÔ!
HÔ!
HÔ!
HA!
HA!
HA!
BON BEN, VAS-Y, C'EST À TON TOUR ...

49

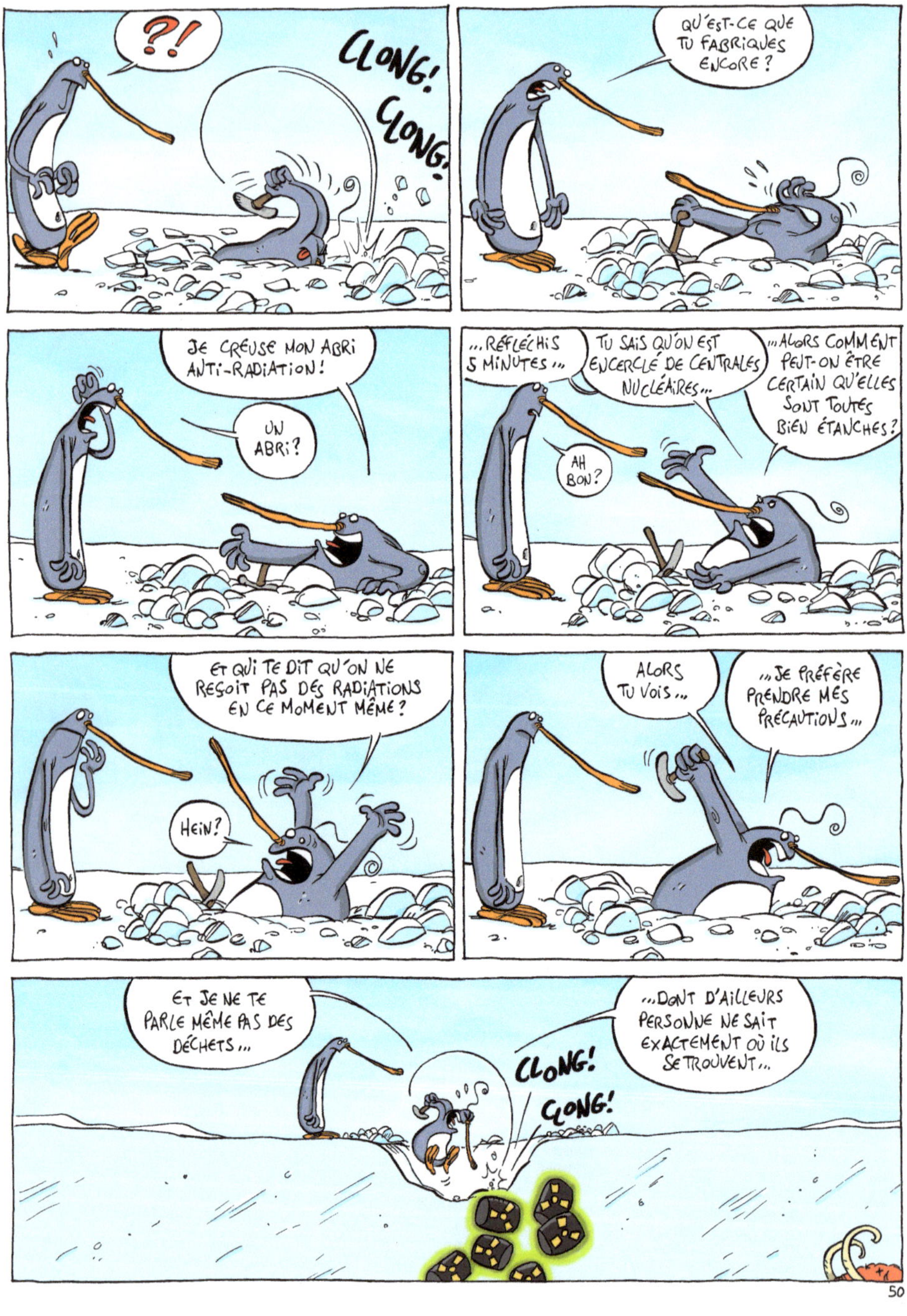
?!
CLONG!
CLONG!
QU'EST-CE QUE TU FABRIQUES ENCORE ?
JE CREUSE MON ABRI ANTI-RADIATION !
UN ABRI ?
...RÉFLÉCHIS 5 MINUTES...
TU SAIS QU'ON EST ENCERCLÉ DE CENTRALES NUCLÉAIRES...
AH BON ?
...ALORS COMMENT PEUT-ON ÊTRE CERTAIN QU'ELLES SONT TOUTES BIEN ÉTANCHES ?
ET QUI TE DIT QU'ON NE REÇOIT PAS DES RADIATIONS EN CE MOMENT MÊME ?
HEIN ?
ALORS TU VOIS...
...JE PRÉFÈRE PRENDRE MES PRÉCAUTIONS...
ET JE NE TE PARLE MÊME PAS DES DÉCHETS...
...DONT D'AILLEURS PERSONNE NE SAIT EXACTEMENT OÙ ILS SE TROUVENT...
CLONG!
CLONG!
50

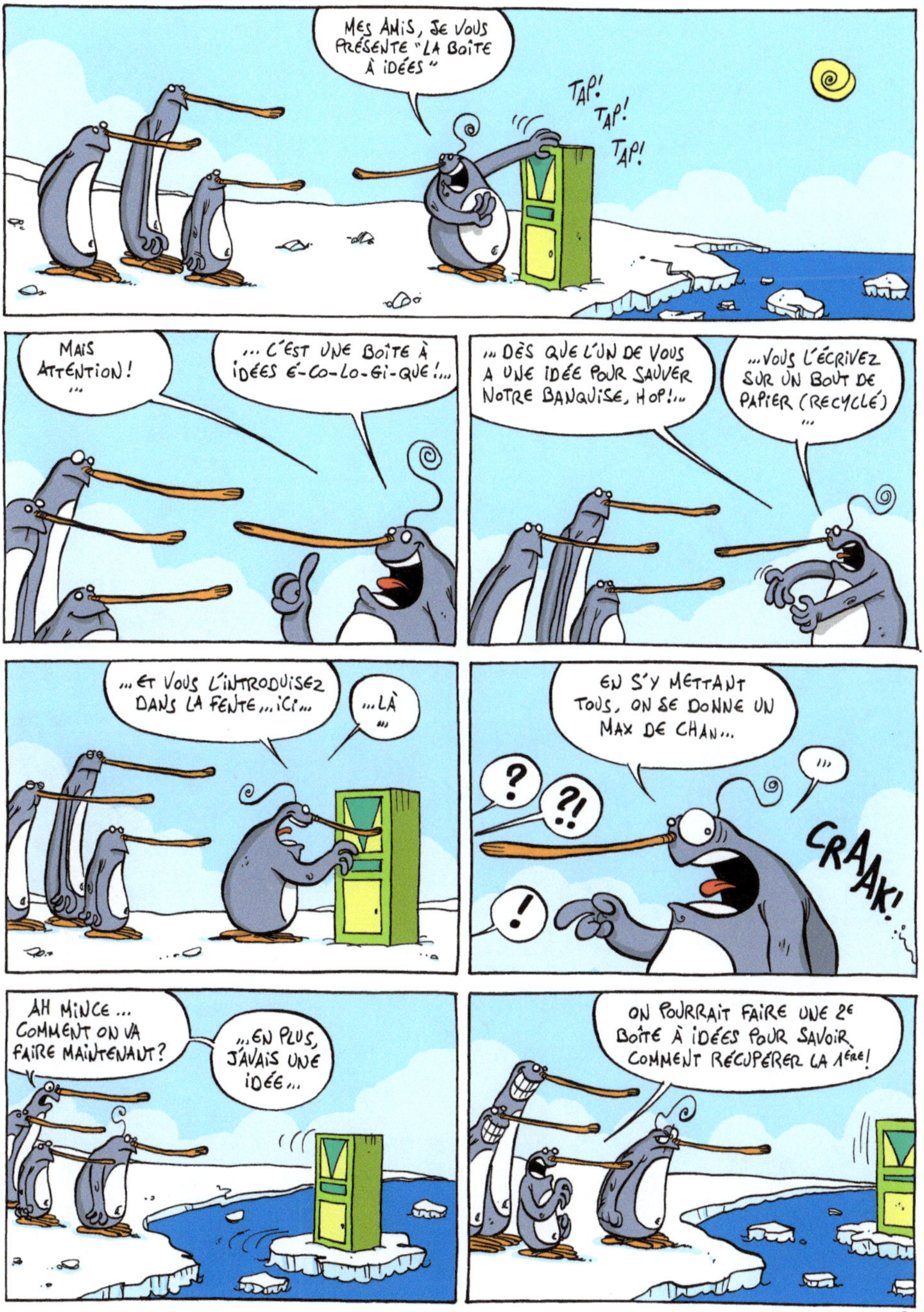
MES AMIS, JE VOUS PRÉSENTE "LA BOITE À IDÉES"
TAP! TAP! TAP!
MAIS ATTENTION! ...
... C'EST UNE BOITE À IDÉES É-CO-LO-GI-QUE!...
... DÈS QUE L'UN DE VOUS A UNE IDÉE POUR SAUVER NOTRE BANQUISE, HOP!...
...VOUS L'ÉCRIVEZ SUR UN BOUT DE PAPIER (RECYCLÉ) ...
... ET VOUS L'INTRODUISEZ DANS LA FENTE,... ICI...
...LÀ ...
EN S'Y METTANT TOUS, ON SE DONNE UN MAX DE CHAN...
?
?!
!
...
CRAAAK!
AH MINCE... COMMENT ON VA FAIRE MAINTENANT?
...EN PLUS, J'AVAIS UNE IDÉE...
ON POURRAIT FAIRE UNE 2E BOITE À IDÉES POUR SAVOIR COMMENT RÉCUPÉRER LA 1ÈRE!

51

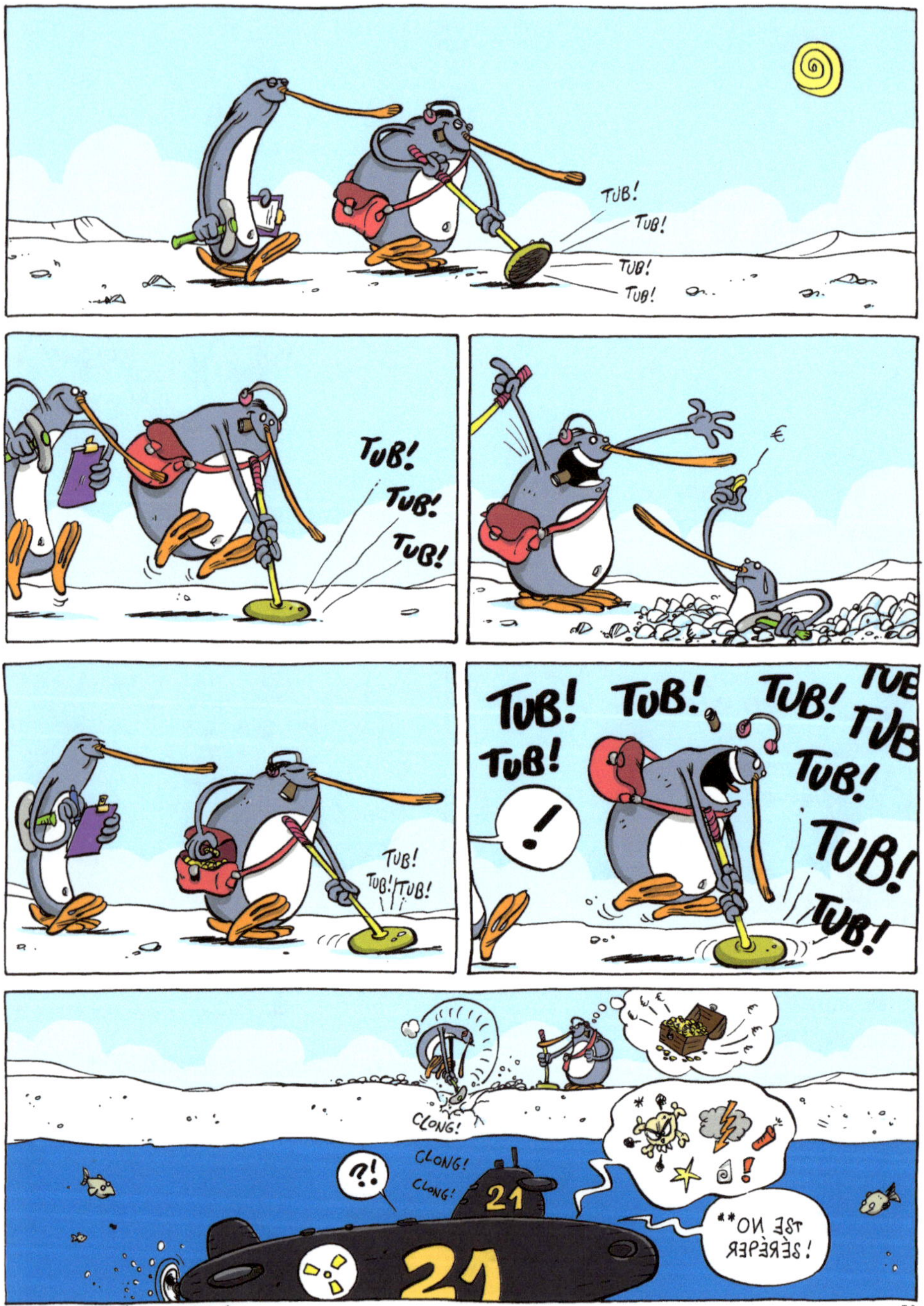
TUB!
TUB!
TUB!
TUB!
TUB!
TUB!
TUB!
€
TUB!
TUB!
TUB!
TUB!
TUB!
TUB!
!
TUB!
TUB!
TUB!
TUB!
TUB!
CLONG!
CLONG!
CLONG!
?!
**ON EST REPÉRÉS!

*ZUT ! ** ON EST REPÉRÉS !

52

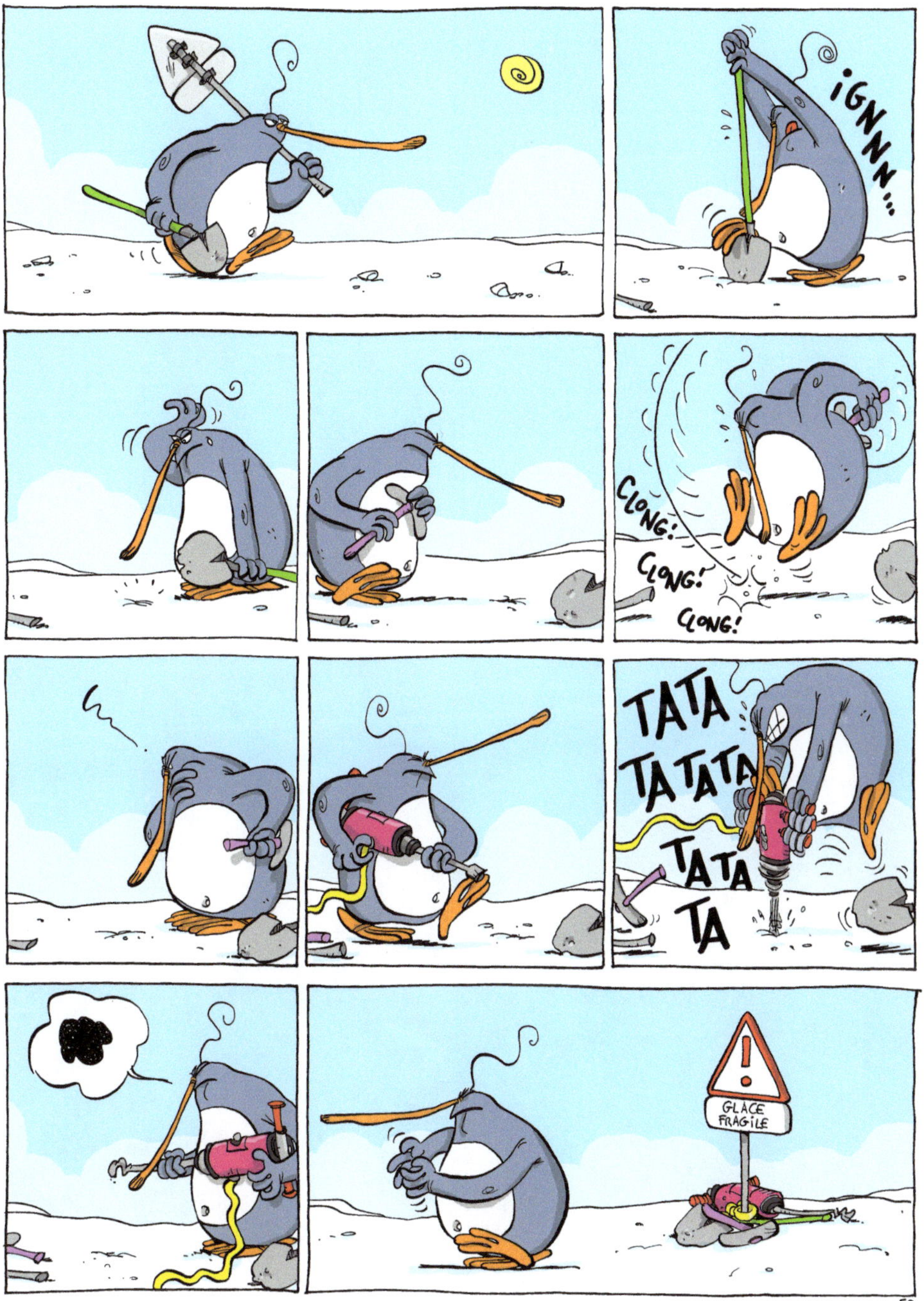
¡GNNN...
CLONG!
CLONG!
CLONG!
TATA
TATATA
TATA
TA
GLACE FRAGILE

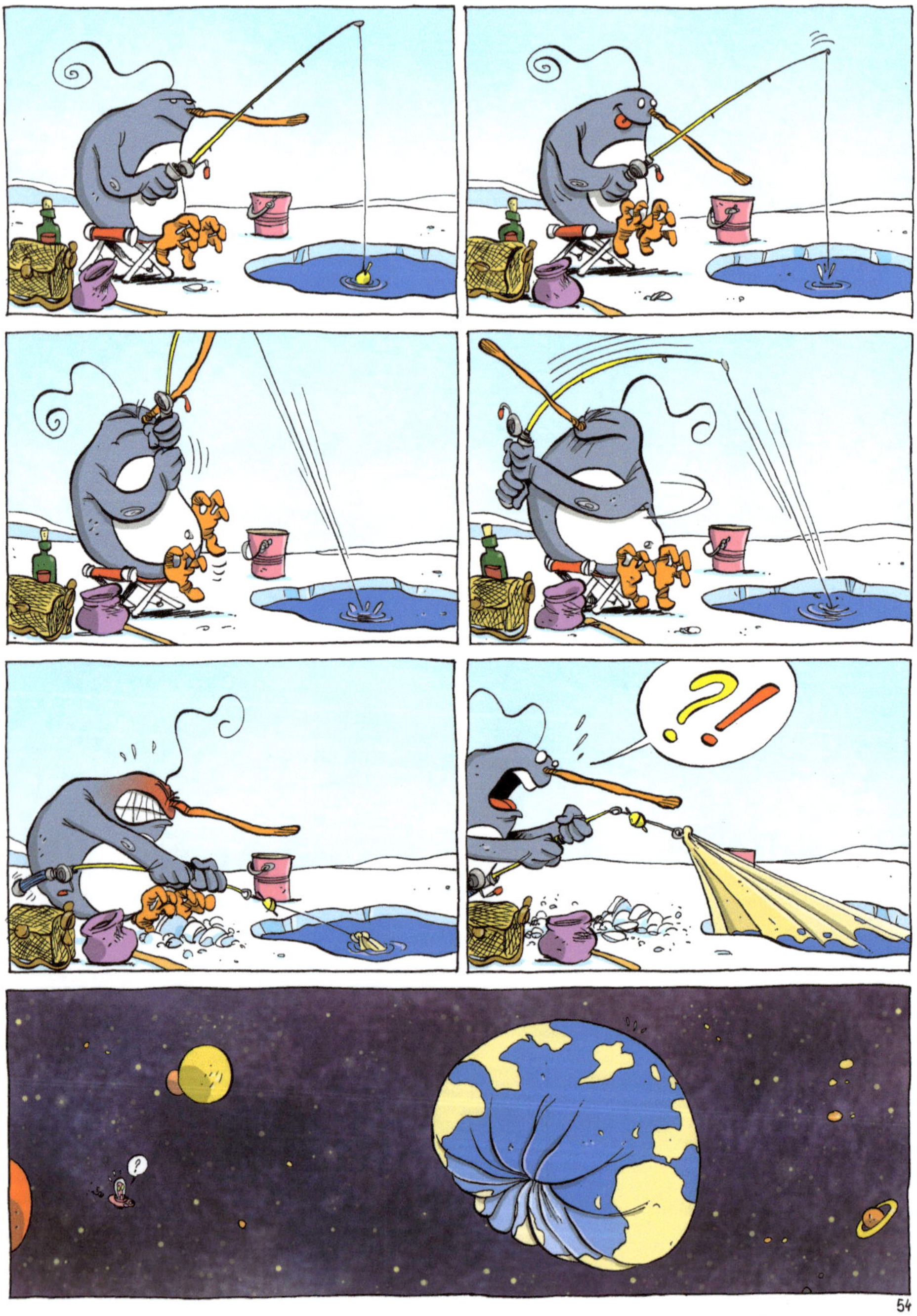
?!
?

54

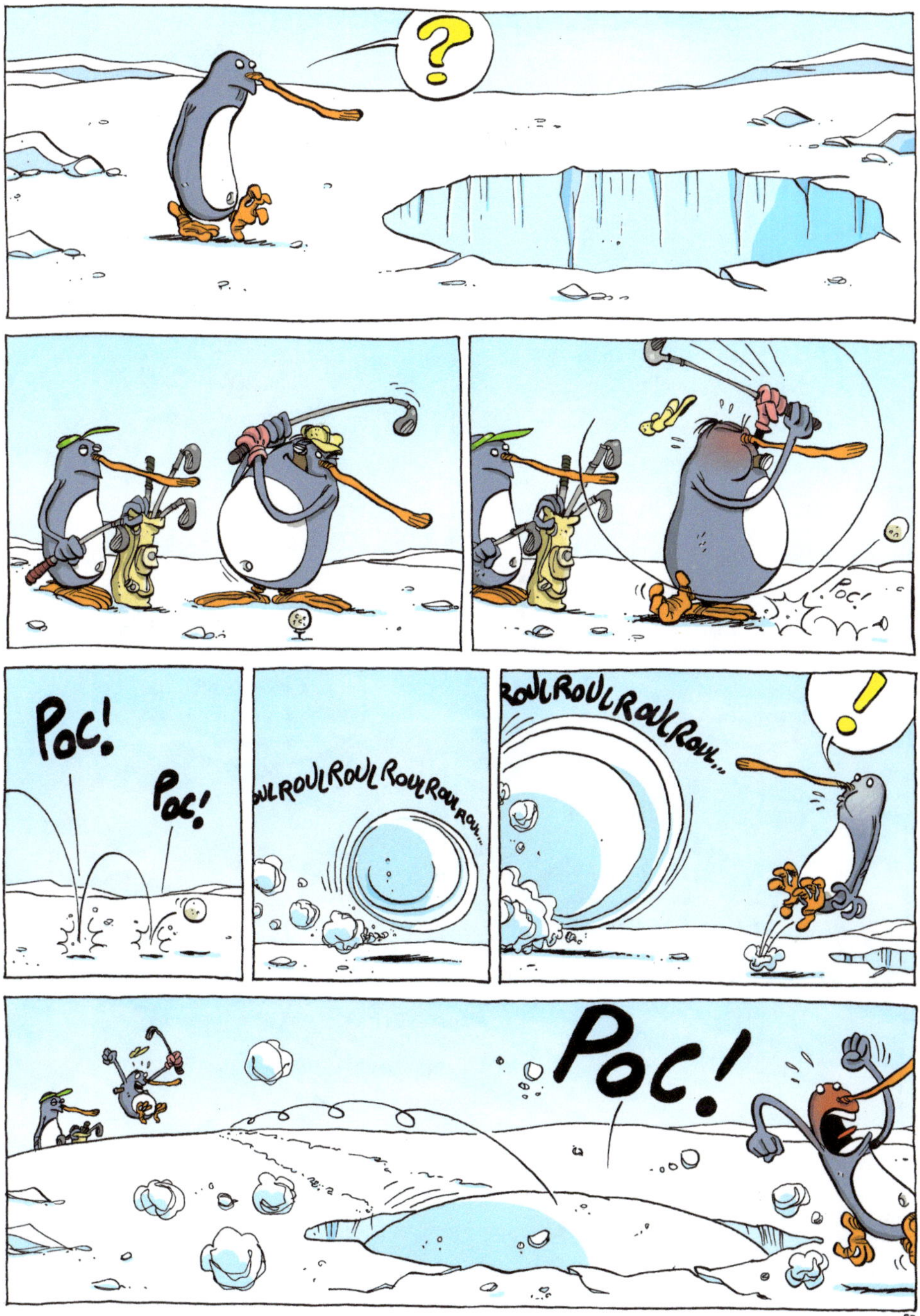
?
POC!
Poc!
Poc!
OULROULROULROULROULROUL...
ROULROULROULROULROUL...
!
POC!

55

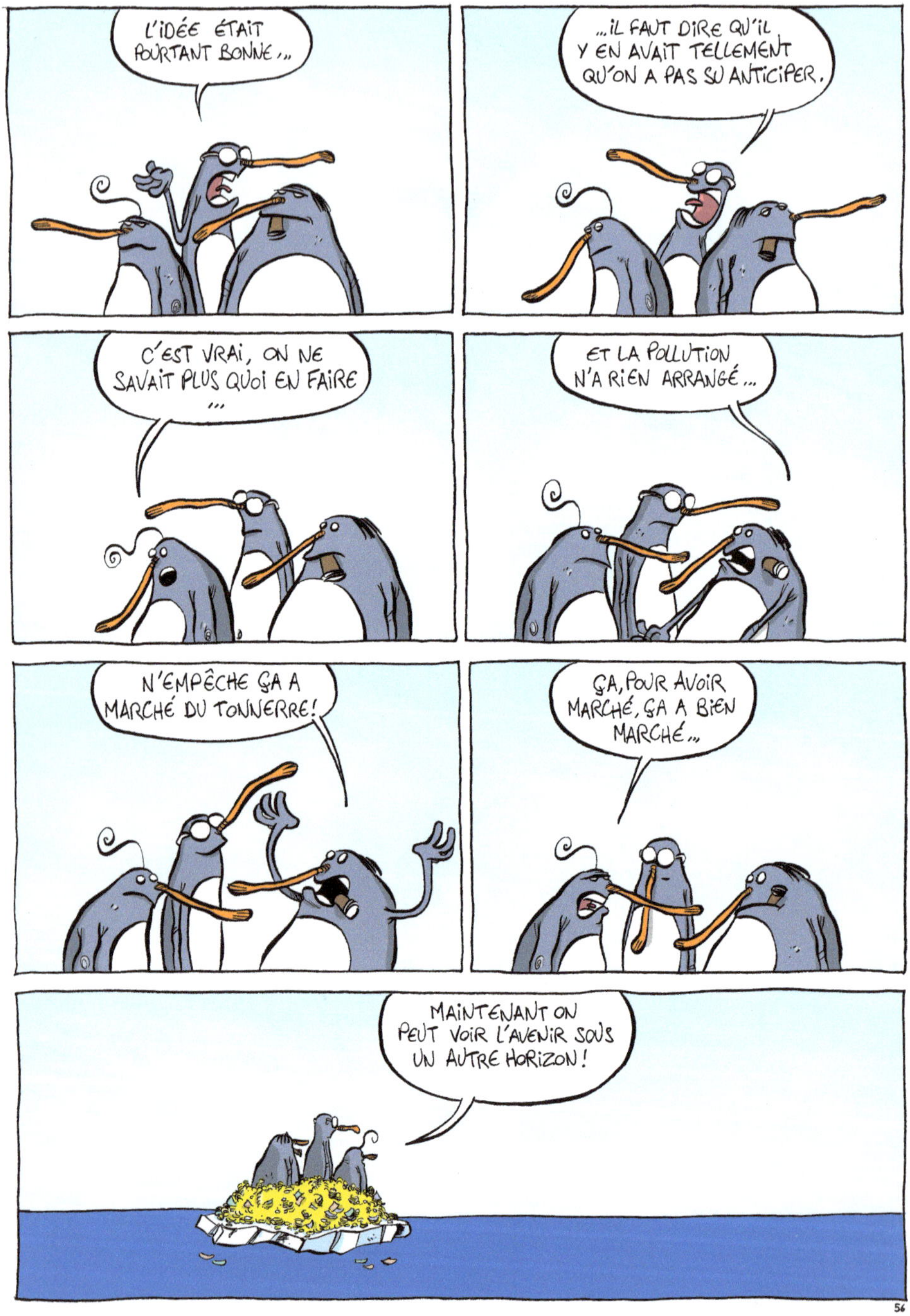
L'IDÉE ÉTAIT POURTANT BONNE...
...IL FAUT DIRE QU'IL Y EN AVAIT TELLEMENT QU'ON A PAS SU ANTICIPER.
C'EST VRAI, ON NE SAVAIT PLUS QUOI EN FAIRE...
ET LA POLLUTION N'A RIEN ARRANGÉ...
N'EMPÊCHE ÇA A MARCHÉ DU TONNERRE!
ÇA, POUR AVOIR MARCHÉ, ÇA A BIEN MARCHÉ...
MAINTENANT ON PEUT VOIR L'AVENIR SOUS UN AUTRE HORIZON!
56

.

www.ingramcontent.com/pod-product-compliance
Lightning Source LLC
Chambersburg PA
CBHW041801040426
42447CB00005B/278